THE NEW ECOLOGICAL HOME
Materials for bioclimatic design

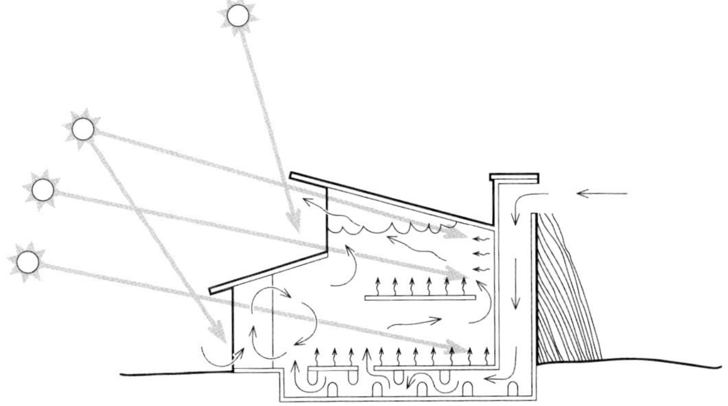

THE NEW ECOLOGICAL HOME

Materials for bioclimatic design

monsa

THE NEW ECOLOGICAL HOME. MATERIALS FOR BIOCLIMATIC DESIGN

Editor, concept, and project director
Josep María Minguet

Project's selection, design and layout
Patricia Martínez (equipo editorial Monsa)

INSTITUTO MONSA DE EDICIONES
Gravina 43 (08930)
Sant Adrià de Besòs
Barcelona (Spain)
Tlf. +34 93 381 00 50
www.monsa.com
monsa@monsa.com

Visit our official online store!
www.monsashop.com

Follow us on facebook!
facebook.com/monsashop

ISBN: 978-84-16500-28-4
D.L. B 14435-2016
Printed by Cachimán Grafic

INTRODUCTION

Climate change is one of the most worrying socio-environmental phenomena we face now and in the years to come. This phenomenon has a global reach and, according to scientists, may result in unpredictable consequences, including adverse weather conditions, alterations in animal migratory patterns and changes in water policies and regulation. For this reason, modern construction –one of the factors contributing to global warming– has come to the fore for its environmental impact not only on the land, but on climate. This is a problem that also has local consequences, and for which we need strong and compelling answers. When we now decide to buy a house or renovate, our decision, just as when we buy a product or use a service, matters more than ever.

Ecological architecture entails multiple factors within the construction process of a home and the impact that construction will have during its life-cycle: from its planning, execution and use until its demolition at the end of the process. In addition, residential ecological architecture takes into account the specific needs of the people who will inhabit each home.

The following pages show a wide variety of sustainable and ecological resources: from recouping traditional architectural solutions like cross-ventilation and taking advantage of natural light to new insulation and self-supplying energy systems. Located all over the world, these homes are examples of the new ecological trends in architecture–a movement that gains more and more followers everyday. The ideas and proposals contained in this book will allow readers to have a general idea about real architecture that is in constant development.

El cambio climático es uno de los fenómenos socio-ambientales más preocupantes a los que debe hacer frente la humanidad en los próximos años. Este fenómeno tiene un radio de influencia global y, según los científicos, se dejará notar en los próximos años con consecuencias imprevisibles en varios ámbitos como son la meteorología adversa, los fenómenos migratorios o la política del agua. Por dicho motivo, la construcción moderna, uno de los sectores causantes del calentamiento global, ha saltado a la palestra por su impacto ambiental no solo sobre el territorio, sino también sobre el clima. Un problema que también tiene su transposición local y ante el cual necesitamos respuestas contundentes y convincentes: a fecha de hoy, cuando nos compramos una vivienda o decidimos renovar la existente, nuestra decisión, al igual que cuando compramos un producto o disfrutamos de un servicio, importa más que nunca.

La arquitectura ecológica es aquella que contempla múltiples factores dentro del proceso de construcción de una vivienda y el impacto que tendrá una construcción durante su ciclo de vida: desde su planteamiento, ejecución y uso hasta su derribo al final del proceso. La arquitectura ecológica residencial tiene en cuenta además las necesidades específicas de las personas que habitarán cada vivienda.

Las siguientes páginas muestran una amplia variedad de recursos sostenibles y ecológicos: desde recuperar soluciones arquitectónicas tradicionales, como la ventilación cruzada o el aprovechamiento de la luz natural, hasta nuevos sistemas de aislamiento y de autoabastecimiento energético. Las viviendas, situadas en varias partes del mundo, son ejemplos de las nuevas tendencias ecologistas de la arquitectura, un movimiento que cada día tiene más adeptos. Las ideas y propuestas permitirán a los lectores tener una idea general de una arquitectura real y en constante desarrollo.

Enviromentally sustainable, bioclimatic and efficient houses
Casas ecosostenibles, bioclimáticas y eficientes

Installations diagrams in the design phase and key factors for a bioclimatic design

A series of designs and diagrams will help us better understand how a number of installations can result in significant savings of energy and water consumption at home as well as the key factors of bioclimatic design for a healthier home. Most of these features should be installed in the design phase of a home, while others can be installed afterwards. The efficient work of the architect and the energy consultant when planning the energy requirements of the house will help optimize these resources.

Esquemas de instalaciones en la fase de diseño y claves para un diseño bioclimático

A continuación mostramos una serie de diseños y esquemas que nos servirán para comprender mejor cómo funcionan algunas instalaciones que representan un importante ahorro energético y de consumo de agua para la vivienda, así como las claves del diseño bioclimático para una vivienda más sana. La mayoría de estas instalaciones deben ser colocadas en la fase de diseño de la vivienda, mientras que otras se pueden montar también a posteriori. De todas formas, el buen trabajo del arquitecto y del consultor energético en el momento de plantear las necesidades energéticas de la vivienda ayudará a optimizar dichos recursos.

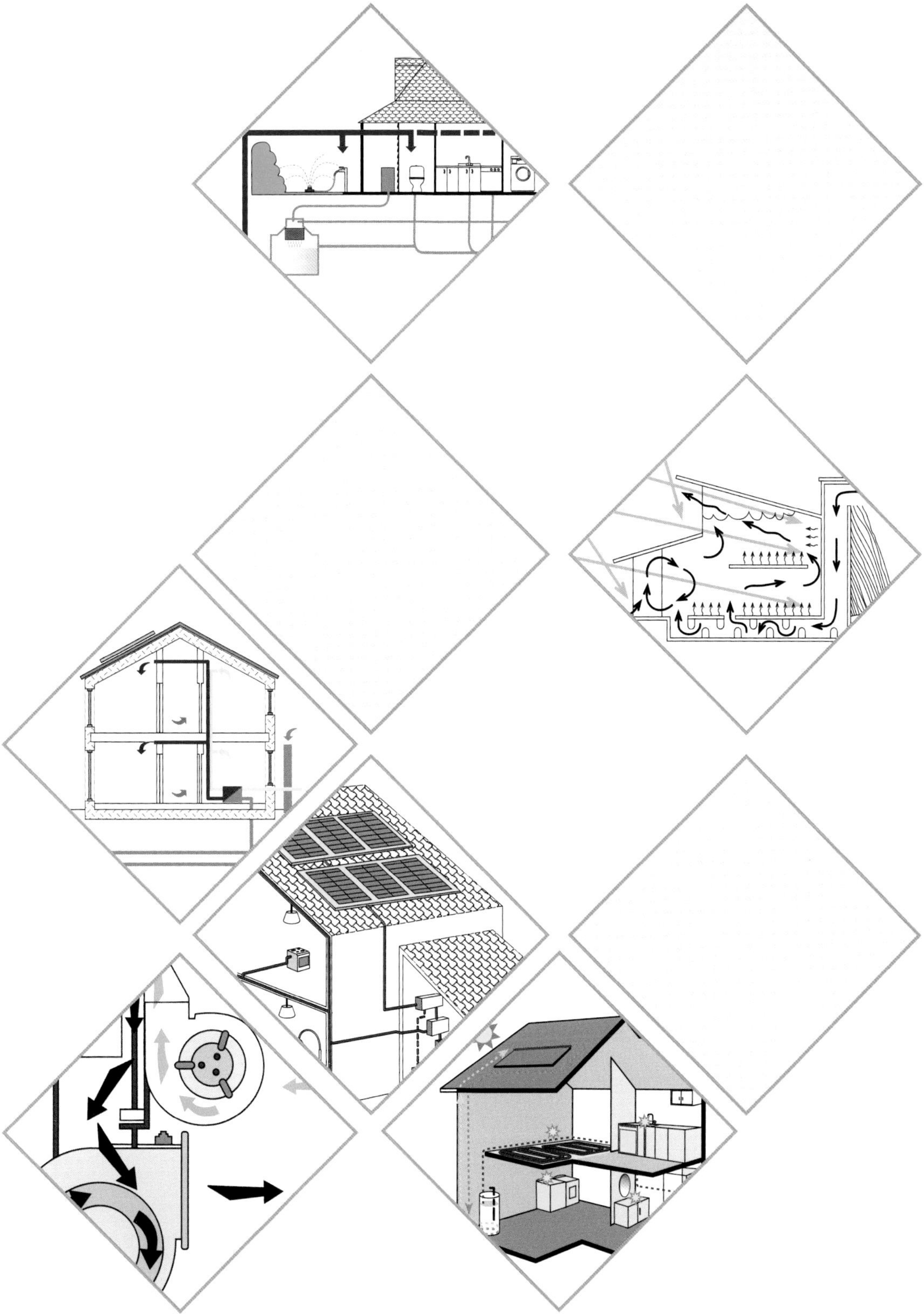

Decalogue for a bioclimatic design and a healthy house

1. The main façade may be facing the sun (to the south if we are in the Northern Hemisphere, and to the north if we are in the Southern Hemisphere). Position eaves depending on the latitude, to provide shade in summer and let sunlight through in winter.
2. Close to deciduous trees, shade in summer.
3. A gallery with large glass expanses on the sunny side of the house. It acts as solar collector.
4. Solid walls and solid materials allow greater thermal inertia, so they accumulate more heat to release later.
5. If the house has a chimney, we would recommend thermo wind self-suction hood, which evacuates the fumes, excess heat and prevents them being sucked back in.
6. Fit hinged skylights in the roof and adjustable flaps at the bottom of the face oposed to the sun. They light up hallways, bathrooms, attics and other rooms. As they fold up and can be adjusted, when opened in summer they get rid of the hot air and create cross ventilation.
7. Use natural insulation in walls and breathable waterproof sheets for roofs.
8. Use local building materials when possible.
9. The materials used must be safe regarding their radioactivity. Under no circumstances should they emit more than 180 mrad per year, or release radon gas, which is associated with certain lung cancers.
10. The home's electrical balance must be in keeping with the environmental maximum, which ranges from 120 to 300 volts per meter. For that reason synthetic materials should not be overused, or the ferromagnetic, materials generating electrostatic charges.

Decálogo para un diseño bioclimático y una vivienda saludable

1. La fachada principal ha de estar orientada hacia sol (hacia el sur si estamos en el hemisferio norte y hacia el norte si estamos en el hemisferio sur). Posicionaremos aleros en función de la latitud para dar sombra en verano y dejar pasar la luz solar en invierno.
2. Situaremos en los alrededores árboles de hoja caduca para que hagan sombra en verano.
3. Una galería adosada con grandes superficies acristaladas en el lado sol de la vivienda sirve de captador solar.
4. Las paredes, muros y materiales macizos permiten una mayor inercia térmica, es decir, acumulan mejor el calor para desprenderlo horas después.
5. En caso de tener chimenea, sería recomendable rematarla con un capuchón autoaspirante termoeólico, que evacua los humos y el exceso de calor, y evita los retornos hacia el interior.
6. Disponer claraboyas abatibles en la cubierta y trampillas regulables en la parte inferior de la fachada opuesta al sol ayuda a iluminar pasillos, baños, buhardillas y otras estancias. Al ser abatibles y regulables, se pueden abrir en verano para evacuar el aire caliente y crear ventilación cruzada.
7. Usar aislamiento natural en las paredes y láminas impermeabilizantes transpirables para las cubiertas.
8. Usar materiales locales de construcción siempre que sea posible.
9. Los materiales usados deben ser inocuos radiactivamente; en ningún caso deben emitir más de 180 mrad por año, ni desprender gas radón, que está asociado a ciertos cánceres de pulmón.
10. El equilibrio eléctrico de la vivienda deberá ajustarse al máximo al ambiental, que va de los 120 a los 300 voltios por metro. Por dicho motivo no se debe abusar de materiales sintéticos, ni de los ferromagnéticos, pues generan cargas electrostáticas.

Bioclimatic design of a building

1. Summer
2. Winter

Diseño bioclimático de un edificio

1. Verano
2. Invierno

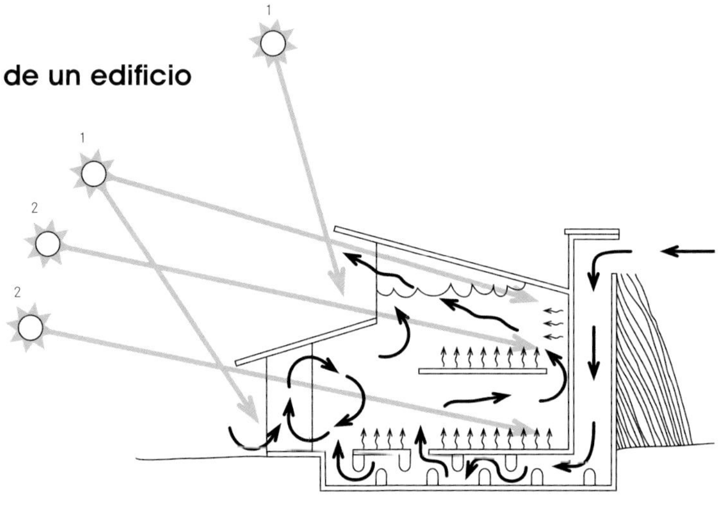

Installation of a mini wind turbine

1. Wind turbine
2. Household power system
3. Transformer
4. Power output

Instalación de un aerogenerador doméstico

1. Turbina
2. Red de suministro eléctrico
3. Transformador
4. Potencia de salida

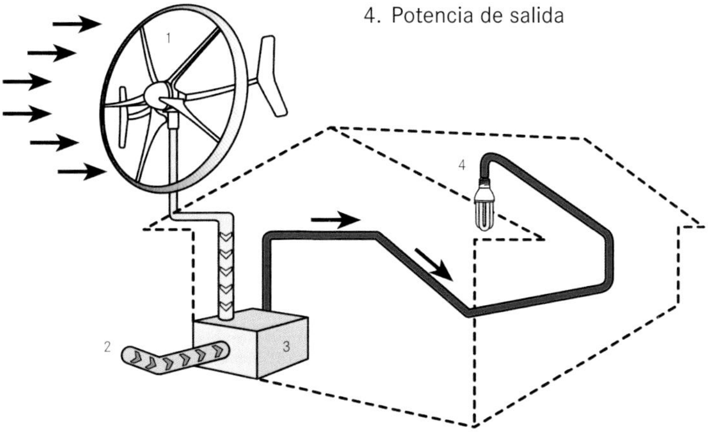

Heat recovery ventilation system

1. Solar thermal panels (optional)
2. Insulation
3. Triple glazed low-E windows
4. Supply air
5. Extract air
6. Heat recovery ventilation system
7. Ground heat exchanger

Sistema de ventilación con recuperación de calor

1. Placas solares térmicas (opcional)
2. Aislamiento
3. Acristalamiento con triple vidrio
4. Aire de entrada
5. Aire de succión
6. Sistema de ventilación con recuperación de calor
7. Intercambiador de calor

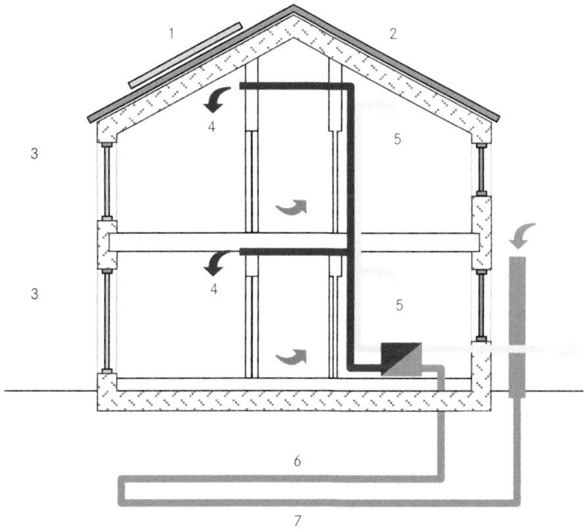

Diagram of roof garden

1. Plant cover
2. Plant substrate
3. Draining membrane
4. Insulation
5. Protective geotextile
6. Roof membrane
7. Structural support

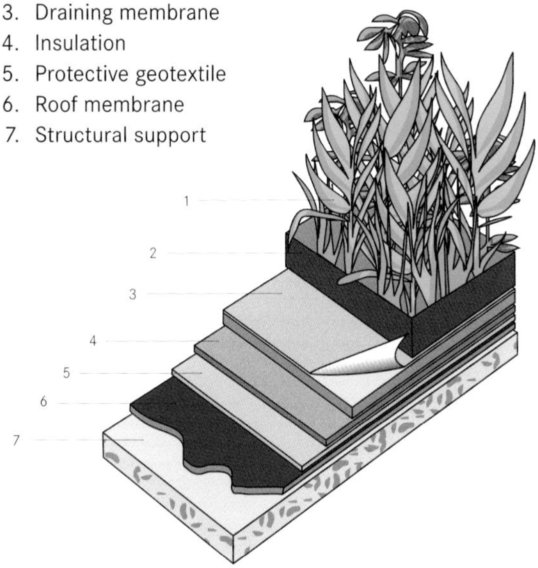

Esquema de cubierta ajardinada

1. Manto vegetal
2. Sustrato vegetal
3. Membrana drenante
4. Aislante
5. Geotejido de protección
6. Membrana de cubierta
7. Soporte estructural

Rainwater collection system

1. Tank
2. PE telescopic cover
3. Filtration equipment
4. Pumping device

Sistema de recogida de aguas pluviales

1. Tanque
2. Cubierta telescópica con tapa de PE transitable
3. Dispositivo de filtración
4. Dispositivo de bombeo

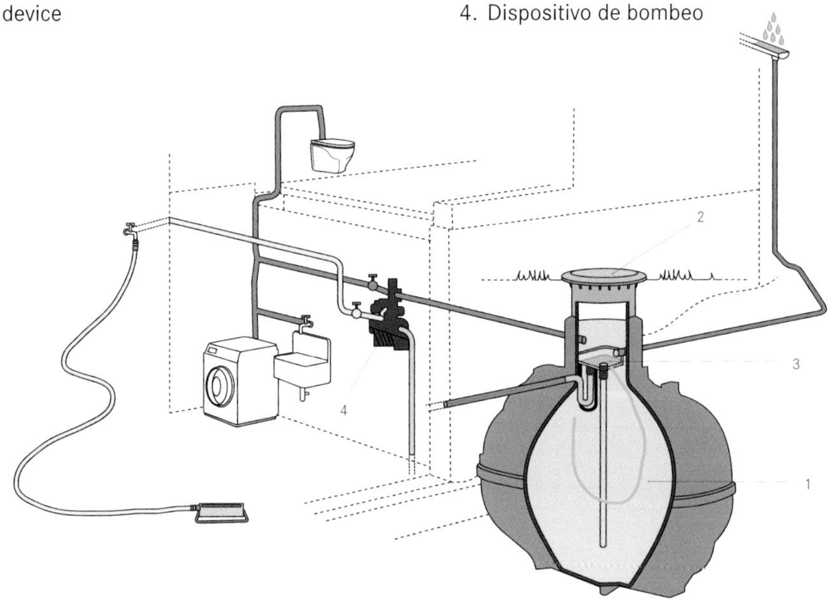

Types of geothermal installations

1. Surface collector: a horizontal loop is installed at a depth of between one and two meters. It requires a lot of space.
2. Geothermal probe or vertical sensor: it requires much less space in exchange for greater depth, making it ideal for urban areas and apartment blocks.
3. Geopanel: the circuit is built into prefabricated panels that are placed in trenches about three meters deep. It requires little space and is cheaper.
4. Underground water collector: underground water can also be used, as long as it not below 50 feet.
5. Soil temperature: summer 14 °C, winter 14 °C
6. Ideal temperature: summer 23 °C, winter 21 °C
7. Outside temperature: summer 36 °C, winter 2 °C
8. Air convectors
9. Heat pump
10. Underfloor heating
11. Conventional radiator

Tipos de instalaciones geotérmicas

1. Colector de superficie: un circuito horizontal se instala a una profundidad de entre uno y dos metros. Requiere mucho terreno.
2. Sonda geotérmica o captador vertical: requiere mucho menos espacio a cambio de mayor profundidad, por lo que resulta ideal para núcleos urbanos y viviendas plurifamiliares.
3. Geopanel: el circuito viene integrado en placas prefabricadas que se colocan en zanjas de unos tres metros de profundidad. Requiere poco terreno y es más económico.
4. Captador de aguas subterráneas: las aguas del subsuelo también pueden utilizarse, siempre que no estén por debajo de los quince metros.
5. Temperatura tierra: verano 14 °C, invierno 14 °C
6. Temperatura confort: verano 23 °C, invierno 21 °C
7. Temperatura exterior: verano 36 °C, invierno 2 °C
8. Convectores de aire
9. Bomba de calor
10. Suelo radiante
11. Radiador convencional

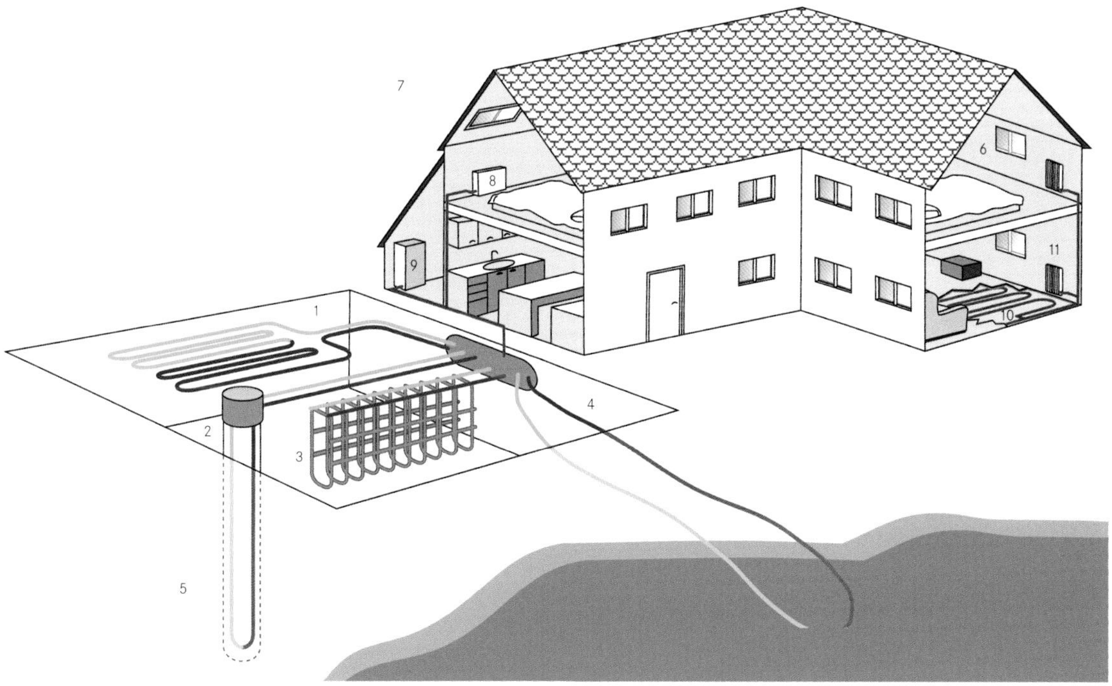

Underfloor heating

1. Ceramics
2. Mortar
3. Binding for pipes
4. Polystyrene insulation
5. Wrought
6. Tube circuit – the water flows through these tubes at a temperature between 34 °C and 46 °C
7. The heat radiated from the floor heats the room to between 18 °C and 22 °C

Calefacción por suelo radiante

1. Cerámica
2. Mortero
3. Malla de fijación de la tubería
4. Aislante de poliestireno
5. Forjado
6. Circuito de tuberías: el agua circula por estas tuberías a una temperatura de entre 34 °C y 46 °C
7. El calor irradiado desde el suelo climatiza la habitación con temperaturas de entre 18 °C y 22 °C

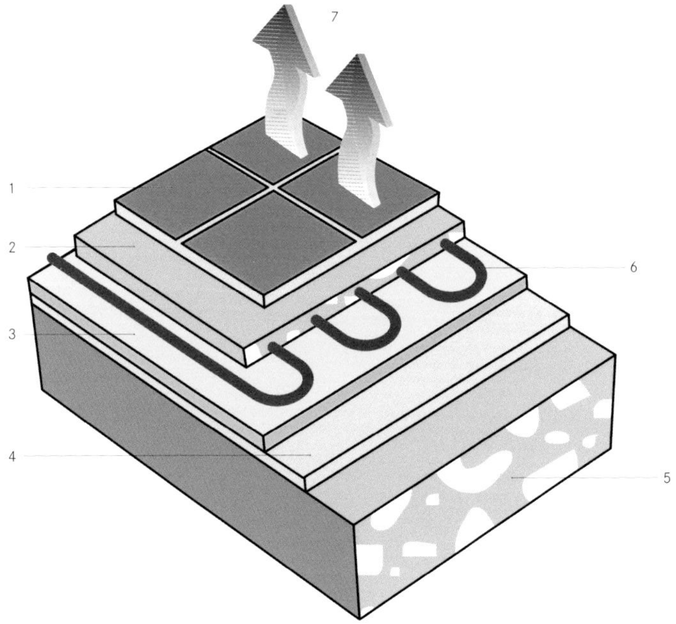

Operational diagram of a pellet stove

1. Fuel tank (pellet)
2. Cochlea for supplying fuel
3. Gear motor
4. Combustion burner
5. Electrical resistance refill
6. Vent pipe
7. Hot air fan
8. Hot air outlet grille
9. Synoptic panel
10. Centrifugal vacuum for smoke

Esquema de funcionamiento de una estufa de *pellets*

1. Depósito de combustible (*pellet*)
2. Cóclea de alimentación de combustible
3. Motorreductor
4. Pebetero de combustión
5. Cartucho de resistencia eléctrica
6. Tubo de salida de humos
7. Ventiladores del aire de calefacción
8. Rejilla de salida del aire caliente
9. Panel sinóptico
10. Aspirador centrífugo para la descarga de humos

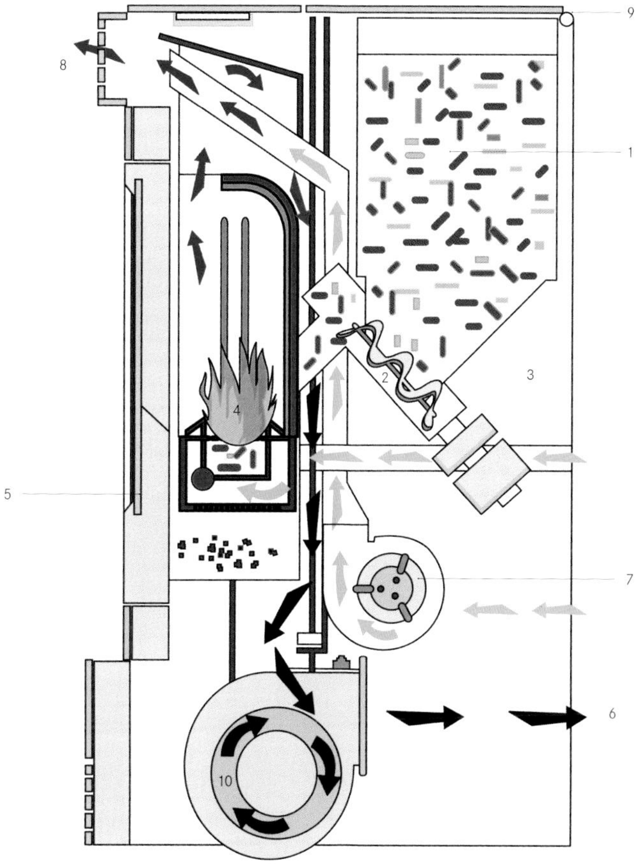

System for purification of greywater

1. Recycled water reused in garden, toilet cistern or to wash the car.
2. Process control.
3. Overflow to sewerage.
4. Water from toilet and kitchen to sewerage.
5. Greywater from bathroom and laundry.

Sistema de depuración de aguas grises

1. Agua depurada para reutilizar en el jardín, la cisterna del lavabo o para lavar el coche.
2. Control de proceso.
3. Excedente que se expulsa a la red de saneamiento.
4. Agua del inodoro y de la cocina, que se expulsa a la red de saneamiento.
5. Aguas grises del baño y la lavadora.

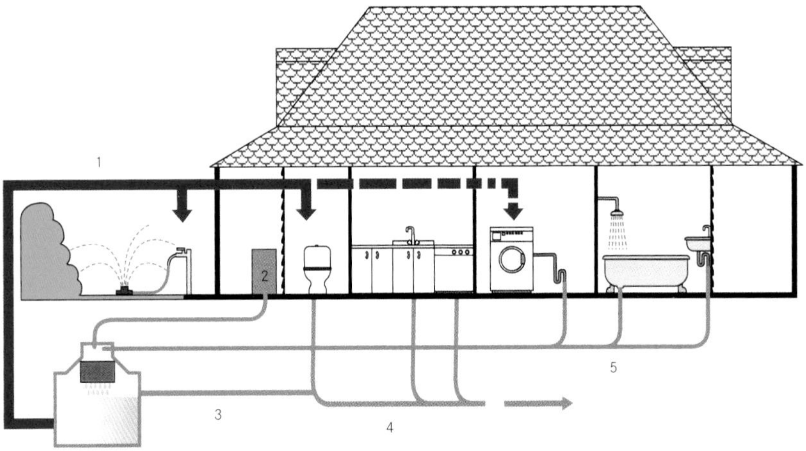

Solar thermal installation

1. Flat collector
2. Heated area
3. Hot water tank
4. Washer
5. Kitchen
6. Bathroom

Instalación solar térmica

1. Colector plano
2. Espacio calefaccionado
3. Tanque de agua caliente
4. Lavadora
5. Cocina
6. Baño

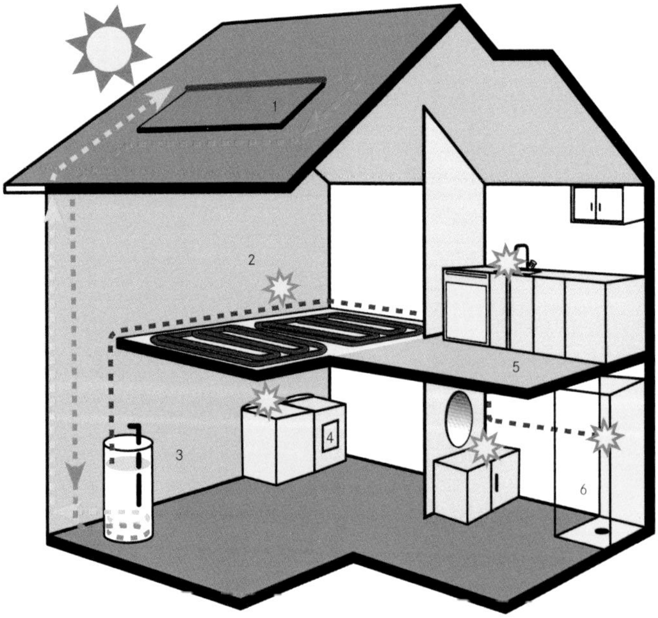

Photovoltaic solar installation

1. Regulator: protects the battery discharges and overloads, when the installation is in an isolated house.
2. Inverter: converts 12 V direct current from panels to 50 Hz and 220 V alternating current.
3. Meters: quantifies the electricity in the grid and electricity consumed.
4. Protection against external surges that may damage the building.
5. Batteries: only required in isolated houses, which are not connected to the grid.

Instalación solar fotovoltaica

1. Regulador: protege las baterías de descargas y sobrecargas, en caso de que la instalación esté en una vivienda aislada.
2. Inversor: transforma la corriente continua de 12 V que suministran las placas a corriente alterna de 50 Hz y 220 V.
3. Contadores: cuantifican la electricidad vertida a la red y la consumida.
4. Protección contra sobrecargas externas que pudieran dañar la construcción.
5. Baterías: necesarias solo en viviendas aisladas que no puedan conectarse a la red.

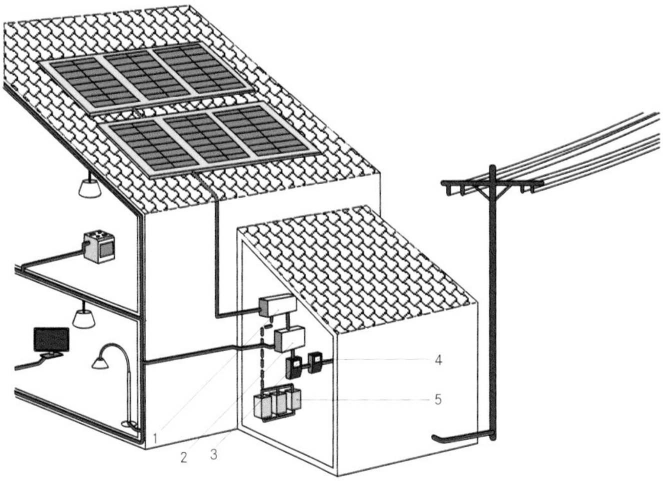

Measures in the design phase of a green home

During the design phase the majority of the savings in natural resources, energy and water are determined that will be used in the home during the construction and operation phase. When a house is well designed, last minute decisions are avoided, which arise from poor planning and that will prevent the home from achieving its optimal performance during its long useful life.
The more bioclimatic the design the better, as measures based on the orientation, latitude and climate, which are imposed by the site, should be maximized. These measures, known as passive strategies, where possible should take priority over active strategies (solar photovoltaic, geothermal, radiant floor heating, etc.). Even though active strategies efficiently respond to energy needs they involve energy consumption, as before they are installed they must be manufactured.

Medidas en la fase de diseño de una vivienda ecológica

Durante la fase de diseño se determina una buena parte del ahorro en recursos naturales, energía y agua que se usará en la vivienda durante su construcción y funcionamiento. Cuando una vivienda está bien diseñada, se evitan muchas decisiones de última hora derivadas de una mala planificación que impedirán un óptimo funcionamiento durante su larga vida útil.
Cuanto más bioclimático sea el diseño, mejor, ya que las medidas basadas en la orientación, la latitud y el clima impuestas por el emplazamiento deberían aprovecharse al máximo. Estas medidas, conocidas como estrategias pasivas, deberían primar en lo posible sobre las estrategias activas (solar fotovoltaica, geotermia, suelo radiante, etc.), las cuales, aunque responden de forma eficiente a las necesidades energéticas para las que fueron instaladas, presuponen un consumo energético, ya que antes de ser instaladas han de ser fabricadas.

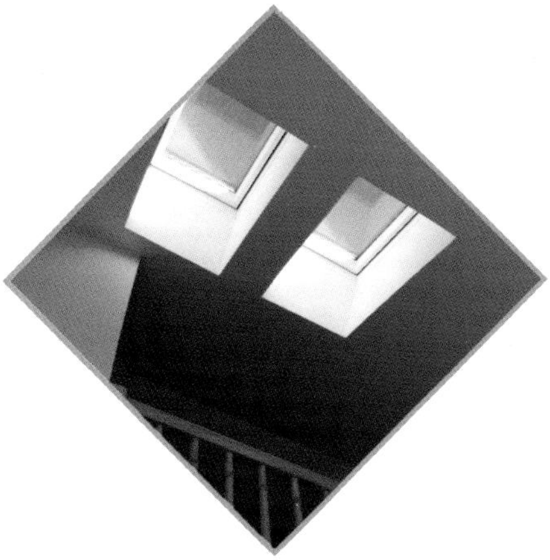

FSC

Structure and skin

The structure of a building and above all its skin is vitally important for energy saving. Establishing a parallelism with the human body, some authors have compared a home with a third skin: just like clothing, which is the second, it must be able to transpire and also in the same way that the epidermis, which is the first, it must protect but not isolate us at any time from the outside. The healthier the third skin is, the better quality of air we breathe inside the home.

Estructura y piel

La estructura de un edificio y, sobre todo, su piel son de vital importancia para el ahorro energético. Estableciendo un paralelismo con el cuerpo humano, algunos autores hablan de la vivienda como de una tercera piel: al igual que la ropa, que es la segunda, debe ser capaz de transpirar y, también de la misma manera que la epidermis, debe protegernos pero sin aislarnos en ningún momento del exterior. Cuanto más sana sea, pues, la tercera piel, mejor aire respiraremos dentro del hogar.

It is estimated that between one half and two thirds of houses worldwide are made from **mud**. The appeal of clay is that it is abundant, locally available, and cheap, and it is also a first-class construction material. Besides being 100 % natural and requiring virtually no energy for its transformation, clay is a good acoustic and thermal insulator and allows moisture to pass, letting the house breathe. And, being natural, after its useful life, it does not become waste. There are two main mud construction techniques: tabby (a mixture of earth, sand and pulverized sand) and adobe. The first involves constructing a formwork which is compacted as it is filled so that it is filled uniformly and is firmly packed. On the other hand, adobe consists in bricks of mud dried in the sun. As these are not fired, unlike conventional bricks, the earth does not lose its thermal inertia.

Se calcula que entre la mitad y dos tercios de las casas del mundo están hechas con **barro**. El atractivo del barro radica en que es un producto abundante, de proximidad y económico, pero también es un material constructivo de primera calidad. Además de no requerir apenas energía para su transformación, el barro es un buen aislante térmico y acústico y deja pasar la humedad, con lo que permite que la vivienda respire. Por su origen 100% natural, una vez finalizada su vida útil no se convierte en un residuo. Las dos técnicas de construcción con barro principales son la tapia y el adobe. La primera consiste en un encofrado que se va compactando a medida que se va tirando para que el barro rellene uniformemente el encofrado y quede bien apisonado. El adobe son bloques de barro secados al sol. Como no se cuecen, a diferencia del ladrillo convencional, la tierra no pierde su inercia térmica.

Adobe is formed by a mass of mud (clay, sand and water) sometimes mixed with straw, coconut fiber or dung, molded into bricks and sun-dried for 25-30 days. The main mix is a 20 % clay and 80 % sand and water. Its embodied energy is 0.4 MJ/kg. The more embodied energy in a building material, the more energy that has been used during its production.

Adobe is a good acoustic insulator and has high thermal inertia, thus regulating the internal temperature –in summer it maintains cool temperatures and in winter, hot. If well constructed and maintained, an adobe building can last a hundred years or more. To avoid any cracks, straw, horse hair or dry hay are added to the mass which serve as a framework. For outdoor use, it is recommended in countries with low rainfall. The inclusion of vegetable fibers can attract termites.

El **adobe** está formado por una masa de barro (arcilla, arena y agua) mezclada a veces con paja, fibra de coco o incluso estiércol, moldeada en forma de ladrillo y secada al sol durante 25-30 días. La mezcla principal lleva un 20% de arcilla y un 80% de arena y agua. Su energía incorporada es de 0,4 MJ/kg. Cuanta más energía incorporada tiene un material de construcción, mayor energía se ha gastado durante su elaboración.

El adobe es un buen aislante acústico y tiene una gran inercia térmica, por lo que sirve de regulador de la temperatura interna; en verano conserva el frescor y durante el invierno, el calor. Si está bien ejecutada y el mantenimiento es bueno, una construcción de adobe puede durar unos cien años o más. Para evitar que se agriete al secar se añade a la masa paja, crin de caballo o heno seco, que sirven como armadura. La inclusión de fibras vegetales puede atraer a las termitas. Para aplicaciones exteriores, está recomendado para países de pluviometría escasa.

A natural alternative to adobe is **Cannabric**, a solid block for walls manufactured in Guadix, Spain since the late nineties. It consists of plant material, natural binders and minerals and recycled agglomerates without pesticides or herbicides. The resulting ratio is 20.48 pounds of hemp for every square foot. Cannabric takes advantage of the insulating characteristics of hemp (with a thermal conductivity of 0.048 W/m·k), much better than those of wood. The mineral components of the block provide mechanical strength, density and high thermal inertia. The blocks are not baked, but air dried for a minimum of 28 days.

Una alternativa natural al adobe es el **Cannabric**, un bloque macizo para muros que se fabrica en Guadix (España) desde finales de los noventa. Está formado por material vegetal, conglomerantes naturales y aglomerantes minerales y reciclados, sin pesticidas ni herbicidas. La proporción resultante es de 100 kg de cáñamo por cada metro cuadrado. El Cannabric aprovecha las características aislantes del cáñamo (con una conductividad térmica de 0,048 W/m·k), que son mejores que las de la madera. Los componentes minerales del bloque aportan resistencia mecánica, densidad y una elevada inercia térmica. Los bloques no se cuecen, sino que se secan al aire un mínimo de 28 días.

Another alternative to adobe is **rammed earth**, a large piece of clay compacted inside a wooden mold used to make walls, such as the inner wall of this house in Australia. The mold used for making rammed earth structures, which consists of two parallel panels with a certain distance between them, is the mud-wall. The most common mold dimensions are 4.9 feet long, 3.3 feet tall and 1.6 feet thick. Stabilizers such as straw, manure or lime can be used.

Otra alternativa al adobe es la **tapia**, una pieza grande de barro compactado a golpes dentro de un molde de madera que se usa para hacer muros, como la pared interior de esta vivienda en Australia. El molde que se emplea para hacer las tapias, formado por dos tableros paralelos a cierta distancia entre ellos, es el tapial. Las dimensiones más habituales del molde son 1,5 m de largo, 1 m de altura y 0,5 m de espesor. Pueden emplearse estabilizadores como la paja, la cal o el estiércol.

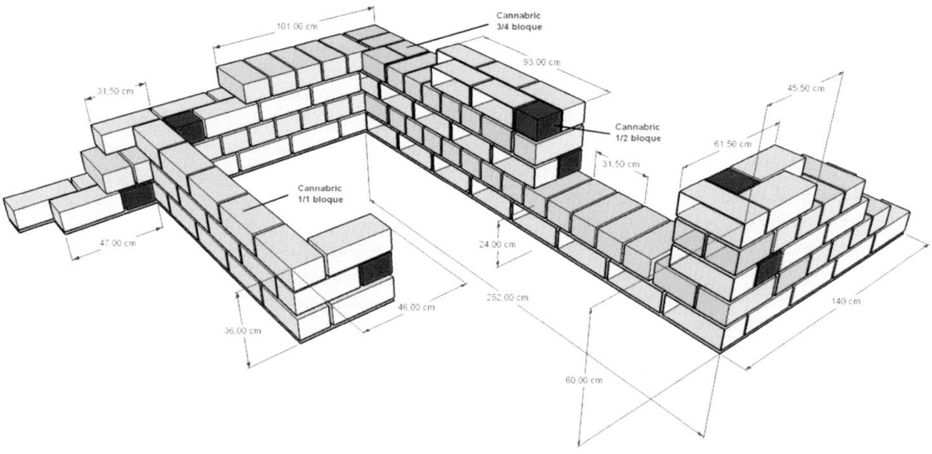

Stone is the noble building material par excellence. The most widely used structural materials are granite, gneiss, sandstone, limestone, marble, quartzite and slate. They are used for foundations, walls, façades and as an architectural element. Porous stone is less durable than dense stone. Locally-sourced stone has an embodied energy of 5.9 MJ/kg.

La **piedra** es el material de construcción noble por excelencia. Como material estructural, las más utilizadas son el granito, el gneis, la arenisca, la caliza, el mármol, la cuarcita y la pizarra. Se emplean en cimentaciones, paredes, fachadas y como elemento arquitectónico. La piedra porosa es menos durable que la piedra densa. La piedra de origen local tiene una energía incorporada de 5,9 MJ/kg.

For roofs, harder slate such as bitumen or siliceous slate can be used. In this home located in Chile facing the Pacific Ocean, the architect wanted to use natural materials in keeping with the surroundings of the site.
The embodied energy of the slate is s 35.1 MJ/kg. It is normally produced from about 85 % raw material and 15 % resins and polyester. As with other stones, this is a renewable natural resource.

Para las cubiertas se pueden usar pizarras exfoliables, tanto bituminosas como silíceas, más duras. En esta vivienda chilena ubicada frente al océano Pacífico, el arquitecto quería usar materiales naturales en consonancia con el entorno.
La energía incorporada de la pizarra es de 35,1 MJ/kg. Una fabricación normal lleva un 85% de materia prima y un 15% de resinas y poliéster. Al igual que las otras piedras, se trata de un recurso natural no renovable.

Limestone is a type of stone made of calcium carbonate. It has a low intensity terrestrial radiation neutralizing property, but it does not react well to lichens. For outdoors, we recommend that the wall is whitewashed to increase its resistance to moisture and to improve its insulation.

La piedra caliza es un tipo de roca calcárea, formada por carbonato cálcico. Tiene propiedad neutralizante de las radiaciones terrestres de poca intensidad, pero resiste mal los líquenes. Para su uso exterior, se recomienda encalar el muro con el fin de aumentar su resistencia a la humedad y mejorar su aislamiento.

Natural stone can be cut according to the design needs. The exterior walls of this home in Brazil are made of local stone slabs arranged horizontally.

La piedra natural se puede cortar según las necesidades del diseño. Los muros exteriores de esta vivienda en Brasil están compuestos por losetas de piedra local dispuestas de manera horizontal.

The greenest way to preserve stone is to clean it with a mild sodium or potassium silicate solution and, once dry, apply a $CaCl_2$ solution. These two solutions are called Szerelmey liquid. The calcium silicate solution forms an insoluble layer that protects the stone.

La manera más ecológica de preservar la piedra es limpiar con una suave solución de silicato sódico o potásico y, una vez seco, aplicar una solución de $CaCl_2$. A estas dos soluciones se les llama líquido de Szerelmey. La solución de silicato de calcio forma una capa insoluble que protege la piedra.

Marble is carbonated sedimentary rocks that have achieved a high degree of crystallization through a process of metamorphism. It is harder, stronger and more durable than limestone. Marble is easy to work with and it loses its luster if exposed to the elements.

Los mármoles son rocas sedimentarias carbonatadas que, por un proceso de metamorfismo, han alcanzado un alto grado de cristalización. Tienen mayor dureza, resistencia y durabilidad que las calizas. El mármol es fácil de trabajar y pierde su brillo si se expone a la intemperie.

Advantages of using stone:
- Durable and easily maintained.
- Good soundproofing.
- Good thermal inertia, which keeps the temperature stable for walls more than 19.7 inches wide.
- Good protection from the summer heat.
- Warmth.

Disadvantages:
- Construction slower and higher labor costs
- Risk of moisture deterioration. In case of frost, the internal water freezes and it expands causing cracks.
- Quarries are over-exploited.
- The cutting and polishing stones are energy-intensive, and a lot of waste material is produced.

Ventajas del uso de la piedra:
- Durabilidad y bajo mantenimiento.
- Buena insonoridad.
- Buena inercia térmica, que mantiene la temperatura estable para paredes de más de 50 cm de ancho.
- Buena protección contra el calor del verano.
- Calidez.

Desventajas:
- Construcción más lenta y mayores costes de mano de obra.
- Riesgo de deterioro por humedad; en caso de heladas, el agua interna se congela y al expandirse produce fisuración.
- Genera sobreexplotación de las canteras.
- Los trabajos de corte y pulido de las piedras son energéticamente muy intensivos, por lo que se generan muchos residuos.

The use of granite blocks on the façade of this house gives it a monumental air. By way of biomimicry, architects designed the building as a geode, a cavity in the rock in which minerals crystallize as they dissolve in groundwater. Granite is highly radioactive compared with other stones that can be used in curtain walls.

El uso de bloques de granito en la fachada de esta vivienda le otorga un aire monumental. A modo de biomímesis, los arquitectos concibieron el edificio como una geoda, una cavidad rocosa en la que los minerales cristalizan por disolución con el agua subterránea. Comparado con otras piedras que se pueden usar en muros de cerramiento, el granito tiene el problema de ser altamente radiactivo.

Straw is a low embodied energy building material and it is the most eco-friendly material that can be used to build a house. Thatched building dates back to the early twentieth century in the United States. Straw bales, a surplus product of agriculture and economic development, began to be used as curtain walls. Currently this product is popular in Canada and the United States and, in Europe, in Austria and Germany.

La **paja** es un material de construcción de baja energía incorporada y seguramente es el más ecológico que puede usarse en una vivienda. La construcción con paja se inició en Estados Unidos a principios del siglo XX. Las balas de paja, un producto excedente de la agricultura y por lo tanto económico, se empezaron a usar como muros de cerramiento. Actualmente este producto está muy extendido en Canadá y Estados Unidos, y en Europa, en Austria y Alemania.

There are two main systems to build a house with straw: the Nebraska style, where the straw acts as load-bearing wall, or in the post and beams style, in which a system of posts or columns support the weight of the roof. There is also the possibility of a hybrid of both styles. In the first case the size of bundles is significant, which reduces the habitable area.

Hay dos sistemas principales de construcción con paja: el estilo Nebraska, en el que la paja actúa como muro de carga, y el estilo poste y vigas, en el que un sistema de postes o columnas soporta el peso del tejado. También hay la posibilidad de realizar un híbrido entre ambos estilos. En el primer caso, el tamaño de los fardos es considerable, por lo que se reduce el área habitable.

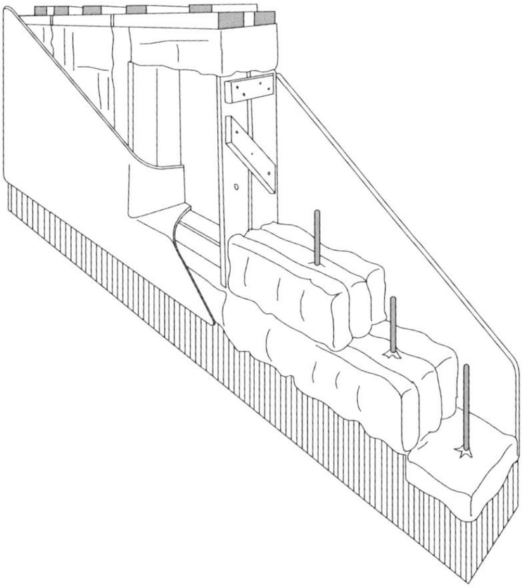

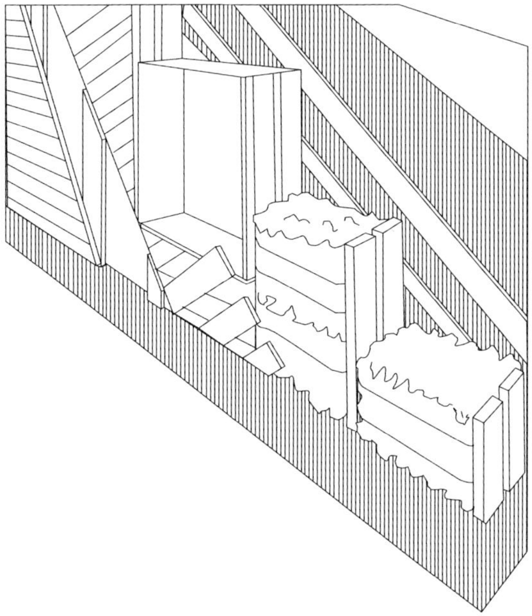

The bundles of bales are hand tied with plastic tape. Once positioned, construction is halted so that the material can settle. Given the compaction of the bales, there is not enough air inside the bale for it to burn. There must not be a space between the bales and the ground as this could become a breeding ground for rodents.

It is vital that the straw does not get wet, as it may decay or go moldy. If part of the straw decays just remove it and replace it with fresh straw (tightly compacted). When part of the wall becomes wet it is usually easy to locate it without affecting the rest of the straw.

Properly maintained, a building of this type can last over one hundred years. To build a house of straw, seek professional help–although in countries where it is not customary it is difficult to find skilled labor. Strictly adhere to regulations on structures and fire protection.

El atado de las balas se hace a mano con cintas de plástico. Una vez colocadas, la obra se detiene para que el material se asiente. Dada la compactación de los fardos, no hay suficiente aire dentro de la bala para que arda. Entre los fardos y el suelo hay que evitar dejar huecos que puedan convertirse en cobijo de roedores.

Es vital que la paja no se moje, pues podría pudrirse o enmohecerse. Si se ha podrido una parte de la paja, solo hay que sacarla y reemplazarla con paja buena (bien apretada). Cuando una parte del muro se moja suele ser fácil localizarla sin afectar al resto de la paja.

Con un buen mantenimiento, una construcción de este tipo puede durar más de cien años. Para construir una casa de paja, mejor contar con la ayuda de un profesional, aunque fuera de los países con más tradición cuesta encontrar mano de obra cualificada. Debe seguirse a rajatabla la regulación de estructuras y prevención de incendios.

In this house in Switzerland, a lime plaster –minimum coat of 0.78 inches advisable– conceals the straw bale structure, both inside and outside.

En esta vivienda en Suiza, el revoco de cal –se aconseja una capa mínima de 2 cm– hace que las balas de paja de su estructura queden ocultas tanto por el interior como por el exterior.

The same applies to the northern façade of this home in Canada, which takes advantage of the excellent thermal and acoustic insulation properties of this material in the whitewashed wall. The straw allows the temperature to be naturally controlled inside, even in cold climates.

Lo mismo ocurre en la fachada norte de esta vivienda en Canadá, que aprovecha las excelentes propiedades aislantes térmicas y acústicas de este material en la parte de muro encalada. La paja permite regular la temperatura del interior de una manera natural, incluso en climas fríos.

It is vox pupoli that the use of **wood** as a building material, being of vegetable origin, can be considered as eco-friendly. The problem is knowing where it comes from and how it has been exploited, something that is difficult to find out if there are no green certificates.
Where does most of the fiber used in our homes come from? Softwood is typically from Europe and the United States. In the case of hardwood, its origin is Europe (mainly France) and the U.S. Much of the oak is from Russia, the eucalyptus is almost all of Latin America. Finally, profiled wood comes from different parts of the globe, mostly China. As a general recommendation the more local the wood we use, the better.

Es vox pópuli que el uso de la **madera** como material de construcción, al ser de origen vegetal, puede ser considerado como ecológico. El problema reside en saber bien de dónde procede y cómo ha sido explotada, algo que es difícil de conocer si no hay certificados ecológicos de por medio.
¿De dónde procede la mayoría de la fibra que empleamos en nuestros hogares? La madera de coníferas suele proceder de Europa y de Estados Unidos. En el caso de madera de frondosas, su origen es Europa (sobre todo Francia) y Estados Unidos. Buena parte del roble procede de Rusia; el eucalipto viene casi todo de Latinoamérica. Para acabar, la madera perfilada proviene de diferentes puntos del planeta, la mayor parte de China. Como recomendación general cabe decir que, cuanto más local sea la madera que consumimos, mejor.

Forests are of vital importance not only as CO_2 sinks, but to control erosion, promote water infiltration into the soil or to regulate rainfall. Currently the label promoted by the Forest Stewardship Council (FSC), an international organization that appeared in the UK in the early nineties, is one of the most reliable certifications to ensure that the wood we use in structures, cladding, flooring and household furniture comes from sustainable farms.

Los bosques son de vital importancia, no solo como sumideros de CO_2 sino para controlar la erosión, favorecer la infiltración de agua en el suelo o regular las precipitaciones. Actualmente el sello promovido por el Forest Stewardship Council (FSC), una organización internacional que apareció en el Reino Unido a principios de los años noventa, es una de las certificaciones más fiables para asegurarse de que la madera que consumimos en estructuras, revestimientos, solados y mobiliario del hogar procede de explotaciones sostenibles.

A wooden prefabricated structure can be modeled on the latest cutting technologies. One example is the construction of the prototype Burst 003, by the Australian System Architects, which includes a ribbed structure of laser-cut plywood. Each rib has been previously numbered and cut according to its position. The surface of the outer shell is made with cedar wood.

Una estructura prefabricada de madera puede modelarse con las últimas tecnologías de cortado. Un ejemplo de ello es el sistema constructivo del prototipo Burst 003 de los australianos System Architects, que incluye una estructura de nervaduras de contrachapado cortadas a láser. Cada nervadura ha sido previamente numerada y cortada según su posición. El revestimiento de la cubierta exterior está realizado con madera de cedro.

In Mexico, the forest engineer Mario Alberto Tapia Retama reuses pallets to assemble structures for housing that he later insulates with cardboard. These solutions are typical of a subsistence economy, common in some developing countries, but they show that with a little ingenuity and a good sense of a culture of reuse, we can self-construct our home.

En México, el ingeniero forestal Mario Alberto Tapia Retama reutiliza los palés para montar estructuras para viviendas que después aísla con cartón. Son soluciones fruto de una economía de subsistencia, corriente en algunos países en desarrollo, y que demuestran que con un poco de ingenio y un buen sentido de la cultura de la reutilización es posible construirse un hogar.

Headlands House, in England, is made from a larch and oak structure. The wood is sourced locally, reducing the carbon footprint of the product, as the distance of supply decreases. Other woods that are often used in building are fir, chestnut, cypress, beech and pine.

La casa Headlands, en Inglaterra, está formada por una estructura de alerce y roble. La madera es de origen local, lo que reduce la huella de carbono de dicho producto, ya que la distancia de abastecimiento disminuye. Otras maderas que suelen emplearse para la estructura de un edificio son las de abeto, castaño, ciprés, haya y pino.

This is the final appearance of the Headlands House, after the plaster is applied, which will thermally insulate the building. Other options to improve the insulation panels would be the use of coconut fiber, cork or recycled paper.
The durability of a wooden structure depends on the type of wood used and the maintenance. In general, it could exceed fifty years, depending on whether the material has been dried properly or protected from insects. If the cut of the wood is done in the direction of the fibers, a piece of wood is as strong as a similar sized slab of concrete, and has a higher elasticity.

Este es el aspecto final del interior de la casa Headlands, una vez aplicado el revoco y el enlucido que sirven para aislar térmicamente el edificio. Otras opciones para mejorar su aislamiento serían el uso de paneles aislantes de fibra de coco, corcho o papel reciclado.
La durabilidad de una estructura de madera depende de la especie empleada y del mantenimiento. En general puede superar los cincuenta años, en función de si la materia prima ha sido correctamente secada o protegida de los insectos. Si el corte de la madera se realiza en la dirección de las fibras, una pieza de madera tiene la misma resistencia que otra similar de hormigón armado y una elasticidad superior.

Bamboo is a woody grass that naturally replenishes itself every seven years and does not require the use of pesticides or fertilizers if cultivated appropriately. Depending on the type it can grow between 3 and 15.7 inches a day and reach 131 feet in three or four months.

It is used in pillars, roofs, ceilings, walls or claddings, as well as for handrails and stairs. If it is used for the structure its maximum strength and elasticity is required (the darker the bamboo, the softer it is). In Latin America and Asia woven cane is used through a type of knotted structure. For cladding, panels can be used.

El **bambú** es una gramínea leñosa que se renueva naturalmente cada siete años y que no requiere plaguicidas ni fertilizantes si se cultiva de manera adecuada. Según la especie, puede crecer entre 7,5 y 40 cm diarios y alcanzar los 40 metros en tres o cuatro meses.

Se emplea en pilares, cubiertas, techos, muros o revestimientos, así como para barandillas y escaleras. Si se usa para la estructura se necesita su máxima resistencia (cuanto más oscuro sea el bambú, más blando es) y elasticidad. En Latinoamérica y en Asia se utiliza la caña entrelazada mediante estructuras de nudos. Para revestimientos se puede presentar en forma de paneles.

A bamboo construction also has its environmental problems. To ensure the self sufficiency of this material, native forests are felled to use the land for the cultivation of bamboo, or fertilizers and pesticides are used to increase the yield. For this reason FSC-certified bamboo in the form of veneers or plywood should be used. In the picture the use of bamboo combined with spruce (general structure) and redwood (balcony) can be observed.

La construcción con bambú no está exenta de problemas ambientales. Para garantizar el autoabastecimiento de este material se puede dar el caso de que se talen bosques autóctonos para dedicar el terreno al cultivo de bambú, o se usen fertilizantes y plaguicidas para incrementar su rendimiento. Por dicho motivo se debería trabajar con bambú certificado por el FSC, en forma de chapa o de contrachapado. En la imagen se muestra el uso del bambú combinado con madera de abeto (estructura general) y secoya (balcón).

Brick walls have high thermal inertia. In this example the inner wall of this house in the United Kingdom makes use of the heat from the fireplace embedded in the wall. The floor is covered with locally-sourced York tiles with underfloor heating powered by a geothermal heat source.

Los muros de ladrillo tienen una elevada inercia térmica. En este caso el muro interior de esta vivienda en el Reino Unido aprovecha el calor procedente de la chimenea de leña empotrada a dicho muro. El pavimento es de losa de York, de origen local, con suelo radiante alimentado por una fuente de calor geotérmica.

A **brick** is a ceramic material made from clay or a mixture of clay, it is molded into blocks that harden in the sun or are baked. It is used in masonry for brick structures, whether they are walls, partitions and façades. Unlike adobe, which also contains clay, brick is a more processed product, which explains the higher embodied energy–2.50 MJ/kg, six times higher than adobe.
Industrial cooking is carried out in tunnel kilns where the temperature ranges from 900 °C to 1000 °C. For this reason, and although part of its composition is natural, brick also has less organic waste materials.

Un **ladrillo** es una pieza cerámica compuesta por arcilla o por una mezcla de ella, moldeada en bloques que adquieren dureza mediante su secado al sol o cocción. Se emplea en albañilería para la ejecución de fábricas de ladrillo, ya sean muros, tabiques y fachadas. A diferencia del adobe, que también contiene arcilla, el ladrillo es un producto más procesado, lo que explica su mayor energía incorporada, 2,50 MJ/kg, seis veces superior a la del adobe.
Su cocción industrial se realiza en hornos de túnel, donde la temperatura oscila entre 900 °C y 1.000 °C. Por dicho motivo, y aunque parte de su composición es natural, el ladrillo también tiene una vertiente menos ecológica.

Termoarcilla (**thermoclay**) is a low density ceramic blocks. Lightening agents that are gasified during the baking process at over 900 °C without producing waste are added to a clay mixture and an evenly distributed fine porosity forms in the ceramic body of the block.
The construction of the product and studied geometry of the piece means that one-layer walls have equivalent or superior performance in some respects to multi-layer walls. This material offers good thermal and acoustic insulation and enough mechanical strength to be comfortably used as a load-bearing wall according to the Spanish Technical Building Code and Eurocode 6.
The latest Termoarcilla ECO technology is specially designed to give optimum thermal insulation to blocks that incorporate Termoarcilla. The images show two different Termoarcilla ECO morphologies.

La **Termoarcilla** es un bloque cerámico de baja densidad. Partiendo de una mezcla de arcilla, con aditivos aligerantes que se gasifican durante el proceso de cocción a más de 900 °C sin dejar residuos, se origina una fina porosidad homogéneamente repartida en la masa cerámica del bloque.
La constitución del producto y la geometría estudiada de la pieza permiten que los muros de una hoja tengan prestaciones equivalentes o superiores en algunos aspectos a los muros compuestos de varias capas. Este material ofrece un buen aislamiento térmico y acústico y una resistencia mecánica suficiente para ser empleado con holgura como muro de carga según el CTE (España) y el Eurocódigo 6.
La última tecnología, Termoarcilla ECO, está especialmente pensada para dotar de un óptimo aislamiento térmico a los bloques de Termoarcilla que la incorporen. En las imágenes se muestran dos morfologías diferentes de Termoarcilla ECO.

The company Piera Ecocerámic markets the Ecoclinker, an exposed ceramic brick made with biogas as an energy source. Biogas is a natural energy originating from the anaerobic combustion of organic matter (food waste and forest biomass). Using this type of heat, the product has a lower embodied energy over other kinds of bricks. According to the company, CO_2 emissions are reduced by 35 %, equivalent to 17,000 tons less of CO_2. The Ecoclincker is available in two sizes: 10.6 x 5.2 x 1.8 inches and 9.4 x 4.5 x 1.9 inches. Its resistance is 55 N/mm^2 and can be applied in ventilated and self-supporting façades and in external walls of the housing plot.
The EcoManual, also manufactured by Piera Ecocerámica, can be used for exposed interior walls e.g. in the living room. It is manufactured with significant energy savings and CO_2 emissions, as it uses biogas as a source of heat for baking the bricks.

La empresa Piera Ecocerámica comercializa el Ecoclinker, un ladrillo cerámico cara vista fabricado con biogás como fuente de energía. El biogás es una energía de origen natural procedente de la combustión anaeróbica de materia orgánica (restos de comida y biomasa forestal). Usando este tipo de calor, el producto tiene una energía incorporada menor respecto a otro tipo de ladrillos. Según datos de la compañía, la reducción de las emisiones de CO_2 a la atmósfera es del 35%, lo que equivale a emitir 17.000 toneladas menos de CO_2. El Ecoclincker se comercializa en dos medidas: 27,6 x 13,3 x 4,8 cm y 24 x 11,5 x 5 cm. Su resistencia es de 55 N/mm_2 y puede ser aplicado en fachadas ventiladas y autoportantes, así como en muros exteriores que delimiten la parcela de la vivienda.
El EcoManual, también fabricado por Piera Ecocerámica, puede ser usado a cara vista para muros interiores como en esta sala de estar. Su fabricación consiente un importante ahorro energético y de emisiones de CO_2, ya que emplea biogás como fuente de calor para la cocción del ladrillo.

Flooring and woodwork

When choosing materials for the flooring or woodwork of the house, the origin and environmental impact throughout their life cycle is important. When it comes to the woodwork wise choices should be made. Woodwork that prevents the problem of thermal bridging should be selected, and also that supports the installation of an underfloor heating system fed by renewable energy. These choices can lead to significant energy savings and the optimum climate control of the house.

Pavimento y carpintería

En el momento de elegir los materiales que formarán parte del pavimento o de la carpintería de la vivienda, el origen y el impacto ambiental de estos durante su ciclo de vida es importante. Una buena elección en carpinterías que eviten los puentes térmicos y el uso de un pavimento que favorezca la instalación de un suelo radiante alimentado por energía renovable pueden suponer un importante ahorro energético y una óptima climatización de la casa.

Local wood should be used for floors where possible. The most recommended types of **wood** for floors and for furniture and joinery are fir, chestnut, cypress, beech, larch, pine, walnut, poplar, oak, maple, birch and ash. When a piece of wood comes from a sustainable plantation, such as those controlled by the FSC, it is like a *solar energy accumulator*. To maintain it in as natural way as possible, use low impact borax or varnishes.

Para los suelos de **madera**, como primera opción deberíamos guiarnos por la oferta de madera local. Las especies más recomendadas para suelos, así como para mobiliario y carpintería, son el abeto, el castaño, el ciprés, la haya, el alerce, el pino, el nogal, el álamo, el roble, el arce, el abedul y el fresno. Cuando procede de plantaciones sostenibles, como las controladas por el FSC, una pieza de madera es algo así como un *acumulador de energía solar*. Para su mantenimiento natural se aconseja utilizar bórax o barnices de menor impacto.

Slate, besides being used as roof tiles, also may be used as paneling and flooring. If slate is used as flooring, we recommend that it is used indoors, as it is robust and resistant to abrasion. If slate is used for the terrace, it should depend on the location of the terrace, as it does not withstand well frost. It can be used in either a square, rectangular, triangular, irregular or customised format.

La **pizarra**, aparte de ser usada como teja para cubiertas, también puede aparecer como revestimiento y como solado. Si se usa como pavimento, se aconseja que sea para interiores, ya que es sólida y resistente a la abrasión. Si se proyecta un suelo de pizarra para la terraza, su éxito dependerá de la localización, ya que no resiste bien las heladas. Se puede presentar en forma cuadrada, rectangular, triangular, irregular o incluso personalizada.

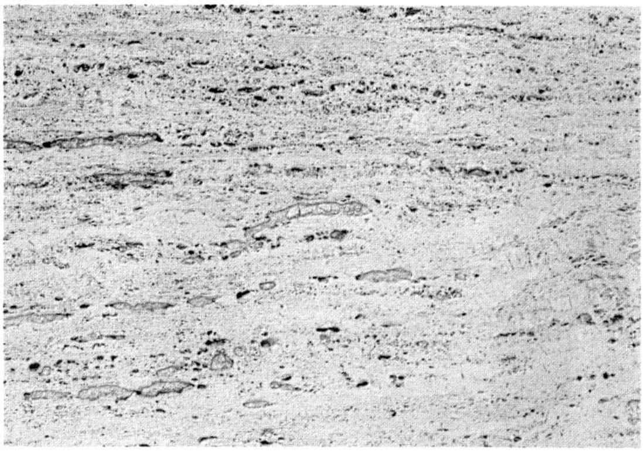

For indoors **stone** floors, marble, travertine and granite (mainly quartz) are recommended, although we have mentioned the high degree of radioactivity of these materials. Limestones as they are chemically weak should only be used for curbs and steps. Local stone should be used where possible.

Para pavimentos interiores de **piedra**, son aconsejables los mármoles, travertinos y granitos (principalmente cuarzo), aunque estos últimos presentan un alto grado de radiactividad. Las calizas, al ser químicamente débiles, pueden usarse en bordillos y peldaños. Si la piedra es local, mucho mejor.

When installing a bamboo floor, the boards must be left for two days in the space to adapt to the level of humidity. If the structure is over-heated in winter, there is the risk that the material becomes excessively dry due to the lack of ventilation in the home. Bamboo panels can be used as floating parquet, solid floorboards and outdoor paving. The resistance of laminated bamboo for flooring is similar to that of red oak. Ensure that it has a certificate of sustainability.

Cuando instalemos un suelo de bambú, es necesario que las tablas reposen durante dos días en el espacio para adaptarse al nivel de humedad. En caso de interiores muy climatizados, durante el invierno hay riesgo de que el material se reseque si en el hogar no hay una ventilación adecuada.El bambú en forma de panel se puede emplear como parqué flotante, tarima maciza y pavimento para exteriores. Con piezas de bambú laminado se pueden cubrir suelos con una resistencia similar a la del roble rojo. Nos deberíamos asegurar de que posee un certificado de sostenibilidad.

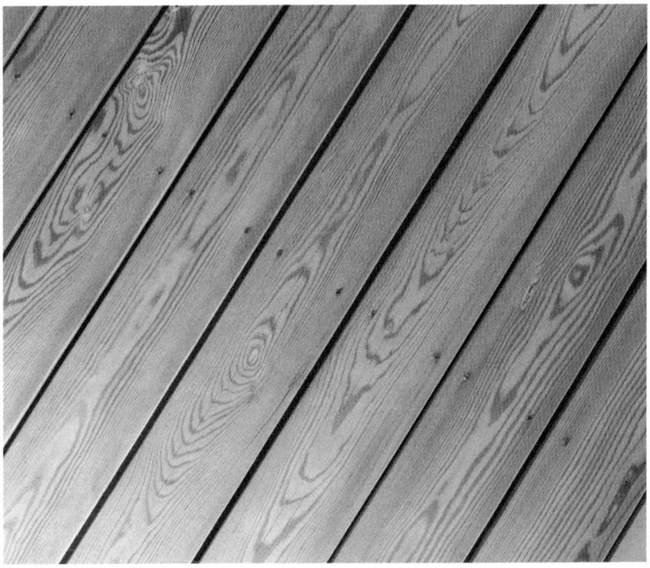

Teak from Southeast Asia, Africa or Central America, is used for furniture and flooring. Although local wood consumption is always more desirable, if we choose to use teak make sure that it has been legally imported. Greenpeace highlights in its reports that 30 % of world imports are illegal, and in the EU this percentage drops to 5 %.

El uso de la teca, procedente del sudeste asiático, África o América Central, está extendido para muebles y suelos. Aunque el consumo de madera local es siempre más aconsejable, si decidimos usar teca deberíamos asegurarnos de que procede de importación legal. Greenpeace indica en sus informes que el 30% de las importaciones mundiales son ilegales, y en la UE este porcentaje se reduce al 5%.

Wood, aluminum and PVC are the three different materials that can be used in the joinery of windows. Of the three, only wood can be deemed satisfactory for an ecological home. The lifespan of wood in windows is 50 years; however they can be restored to last longer. Wood acts as good sound insulation and it maintains warmth in the home. PVC panels, although cheaper, are not recommended as they contain chlorine. They can also react to the sun due to exposure to heat and ultraviolet light. Aluminum has a very high embodied energy (200 MJ/kg), while for wood it is only an average of 2 MJ/kg.

En el caso de la carpintería de ventanas, las tres opciones más habituales hoy son la madera, el aluminio y el PVC. De estos tres, solo la madera se puede considerar adecuada para un hogar ecológico. La vida útil de las ventanas de carpintería de madera es de 50 años, y pueden ser restauradas para que duren más. Estas aíslan mejor del ruido y mantienen el calor del hogar. Los cerramientos de PVC, aunque son más baratos, no son recomendables, ya que contienen cloro. Además, pueden reaccionar con el sol debido a la exposición al calor y a la luz ultravioleta. El aluminio, por su parte, tiene una energía incorporada muy elevada (200 MJ/kg), mientras que la de la madera es de solo 2 MJ/kg de media.

Wood is normally used for doors and windows. In this case, we have to make sure that wood is certified by the FSC or another agency that gives us sufficient assurance on the origin of the wood fiber.

Para las puertas de la vivienda se usa mayoritariamente la madera. En este caso, y al igual que para las ventanas, nos tenemos que asegurar de que dicha madera está certificada por el FSC u otro organismo que nos dé garantías sobre su procedencia.

Cork is a natural product that acts as a good thermal and acoustic insulation material. It is also resistant to parasites. It is extracted from the outer bark of the cork oak every 9-14 years; it is pressed and reduced to sheets suitable for covering walls and floors. Cork flooring is warm, resilient and durable. Cork coated with artificial resin (polyurethane) or PVC finishes should not be used.

El **corcho** es un producto natural que actúa como buen aislante acústico y térmico, y es resistente a los parásitos. Se saca de la corteza externa del alcornoque, con extracciones cada 9-14 años; luego se prensa y se reduce a unas hojas adecuadas para revestir paredes y suelos. Un solado de corcho es cálido, elástico y duradero. Se deberían rechazar aquellos con recubrimiento de resinas artificiales (poliuretano) o los acabados con PVC.

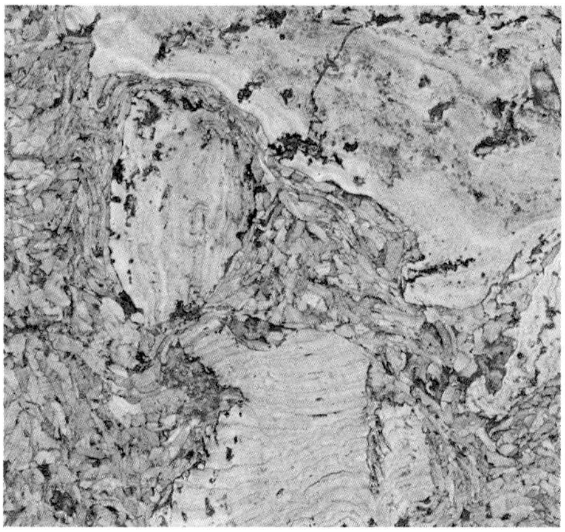

Linoleum is a linseed based vegetable oil which is added to tree resin, cork, wood flour, plaster and jute. Some 98 % of materials used for its production are mineral and organic-based materials. The mixture is spread over a cloth bag and the surface is treated with a layer of acrylic paint. Linoleum does not decompose in sunlight; it is sound-proof, resistant to fats and oils and has a natural antibacterial effect.

El **linóleo** consiste en una base de aceite vegetal de linaza a la cual se añade resina de árbol, corcho, harinas de madera, escayola y yute. El 98% de los materiales usados para su producción son de base mineral y orgánica. La mezcla se extiende sobre una tela de saco y la superficie se trata con una dispersión de pintura acrílica. El linóleo no se degrada con la luz, es aislante acústico, resiste a grasas y aceites, y tiene un efecto antibacteriano natural.

The **Ston-ker Ecologic** by Porcelanosa is a porcelain tile made from recycled material. It is commonly used in large projects and civil works, but is also marketed for household use, as can be seen in this terrace. Some 95 % of this ceramic coating is made from recycled material leftover from ceramic production processes, without losing the strength and versatility of porcelain tile.

El **Ston-ker Ecologic** de Porcelanosa es un gres porcelánico fabricado a partir de material reciclado. Este revestimiento cerámico está formado en un 95% por material reciclado sobrante de los procesos de producción cerámica, sin perder la resistencia y versatilidad del gres porcelánico. Se suele utilizar en grandes proyectos y obras públicas, pero también se comercializa para el ámbito del hogar, como en el caso de esta terraza.

Ecoralia markets the recycled material **Madertec**, with a composition that is similar to that of wood. Hidden staples are used in its installation. This flooring, which is composed of recycled plastic from the municipal collection of packaging waste, is especially suited to outdoor use because it is rotproof, it does not chip or decompose, and is highly resistant to moisture.

Ecoralia comercializa el material reciclado **Madertec**, con un mecanizado similar al de la madera y una instalación que emplea grapas ocultas. Este solado, que está compuesto por plástico reciclado procedente de la recogida municipal de envases y embalajes, está especialmente indicado para el exterior, ya que es imputrescible, no se astilla ni se descompone, y presenta una alta resistencia a la humedad.

Passive and active strategies

The energy requirements of a home are measured in kWh. One kWh is equivalent to running a 100 watt bulb for 10 hours. Apart from the bioclimatic design, the market offers a variety of technologies, within the active strategies, that help meet the energy needs. In the event of surplus, and in line with the regulations established by each country, surplus energy can be sold to the grid at a price set by the concerned government. The operational diagrams of some of these technologies have been described before. Below we will further explain their technical characteristics and applications.

Estrategias para las necesidades de una vivienda ecológica

Las necesidades energéticas de una vivienda se miden en kWh. Un kWh equivale al funcionamiento de una bombilla de 100 vatios durante 10 horas. Aparte del diseño bioclimático, el mercado ofrece diversas tecnologías, dentro de las estrategias activas, que ayudan a cubrir las necesidades energéticas, y en caso de excedente y según la regulación de cada país, incluso se pueden vender a la red según el precio establecido por el gobierno correspondiente. El esquema de funcionamiento de algunas de estas tecnologías ya se ha descrito antes, pero en este caso profundizaremos en sus características técnicas y aplicaciones.

A photovoltaic **solar energy installation** is formed by solar panels with two or more semi-conductive layers, usually silicon, which generate electrical charges when exposed to sunlight. Its production consumes a lot of energy, so it takes an average of five years to offset the carbon emitted during its manufacturing process. If the house in which the panels are installed is off-the-grid, the system includes an accumulator battery. Other circuit elements regulate the load and convert the 12 V that the panels supply to 220 V and 50 Hz alternating current for domestic consumption.

Una instalación de **energía solar fotovoltaica** está formada por placas solares con dos o más capas de semiconductores, normalmente silicio, que generan cargas eléctricas cuando están expuestos al sol. Su producción consume mucha energía, por lo que se requiere una media de cinco años para compensar el carbono emitido durante su fabricación. Si la vivienda en la que se instalan no está conectada a la red, el sistema viene acompañado de unas baterías de acumulación. Otros elementos del circuito regulan la carga y convierten los 12 V que proporcionan las placas en corriente alterna de 220 V y 50 Hz para consumo doméstico.

The main complaint regarding the installation of solar photovoltaic panels is the space required.
Its expected useful life is 25-30 years. Per kilowatt installed the installation costs between 5,500 and 11,000 euros. It is cheaper if all the energy produced is consumed, otherwise you must add a meter that costs between 400 and 500 euros. Typically, installation is regulated by each country's specific technical rules of construction and by the criteria for architectural integration of local ordinances. Find out if there are grants available for their installation.
If no anomalies occur, a photovoltaic solar panel is cleaned with soap and water. According to where it is installed (gabled roof, façade or flat roof), special staff may be required.

Si algún inconveniente tienen las instalaciones solares fotovoltaicas, son los metros cuadrados que requieren.
Su vida útil estimada es de 25-30 años; por kilovatio instalado la instalación cuesta entre 5.500 y 11.000 euros. Resulta más barato si se consume toda la energía que produce, ya que sino se debe instalar un contador que cuesta entre 400 y 500 euros. Es recomendable consultar si hay subvenciones para su instalación. Normalmente su instalación está regulada por las normativas técnicas de edificación de cada país y por los criterios de integración arquitectónica de las ordenanzas municipales.
El mantenimiento de un panel solar fotovoltaico, siempre y cuando no se produzcan anomalías, pasa por frotarlo con agua y jabón. Según donde esté instalado (cubierta a dos aguas, fachada o cubierta plana), se requerirá personal especializado.

The most widely used solar collectors at a household level are flat plate collectors. A flat solar panel consists of a box insulated on the bottom and sides and a thermal absorber metallic plate, which is attached to this insulation. The liquid to be heated flows through the pipes welded to this plate.

Los colectores solares más empleados a nivel doméstico son los colectores planos. Un panel solar plano se compone de una caja con aislamiento en el fondo y en los lados, y sobre este aislamiento se monta la placa absorbedora, una plancha metálica a la que se han soldado los tubos por los que circula el líquido a calentar.

Example of installation with photovoltaic solar panels

1. Photovoltaic modules
2. Converter
3. Electricity for domestic consumption
4. Counter
5. Surplus electricity
6. Connection to the power grid

Ejemplo de instalación con placas solares fotovoltaicas

1. Módulos fotovoltaicos
2. Convertidor
3. Electricidad para consumo propio
4. Contador
5. Electricidad sobrante
6. Conexión a la red de distribución eléctrica

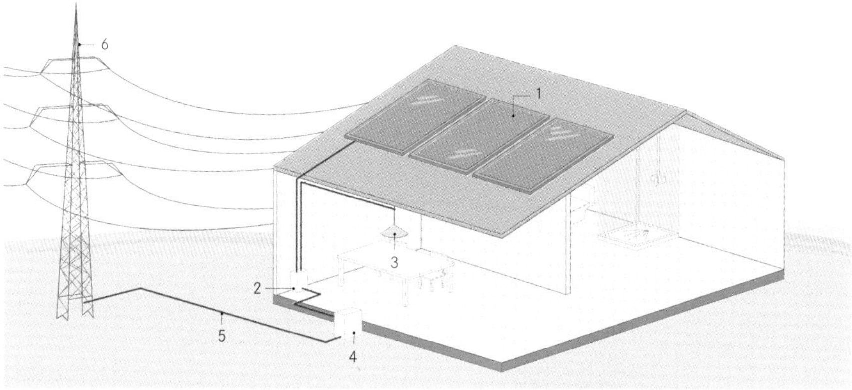

A solar thermal collection system has a lifespan of 20 years, after which it will require an upgrade. The initial investment to install it in a single family home is recovered in five years. Such facilities can feed a system of underfloor heating. If you have a heat pump, it can also be used for radiant cooling.

La vida útil de los sistemas de captación solar térmica es de 20 años, tras los cuales necesitan una actualización. Se calcula que la inversión inicial para la instalación de una vivienda unifamiliar se recupera en cinco años. Este tipo de instalaciones puede alimentar un sistema de calefacción por suelo radiante. Si se incluye una bomba de calor, también se puede usar para refrigeración radiante.

Some installations with flat plate collectors have an engine room in the basement of the house, where the hot water storage tank and a high-efficiency boiler and auxiliary system are stored. Kyoto House by Pich-Aguilera Arquitectos also incorporates a dual-flow heat recovery system with the controlled renewal of air.

Algunas instalaciones con colectores planos disponen de una sala de máquinas en el sótano de la vivienda, donde se encuentra el acumulador de agua caliente sanitaria, así como de una caldera de gran rendimiento como sistema auxiliar. En el caso de la Casa Kioto de Pich-Aguilera Arquitectos, incorpora además un sistema de doble flujo de recuperación de calor por renovación controlada del aire.

Solar thermal energy has been used since the seventies and harnesses the sun's energy to produce hot water and heating. Such facilities consist of special panels, called collectors, which concentrate and accumulate solar heat and transmit it to a fluid that we want to heat. This fluid can be either the household drinking water or the hydraulic system of home heating. Typically, its installation is regulated by each country's specific technical rules of construction and by the criteria for architectural integration of local ordinances.

La **energía solar térmica** se utiliza desde los años setenta y consiste en el aprovechamiento de la energía del sol para la producción de agua caliente sanitaria y calefacción. Este tipo de instalaciones constan de unas placas especiales, denominadas colectores, que concentran y acumulan el calor del sol y lo transmiten al fluido que queremos calentar. Este fluido puede ser bien el agua potable de la casa o bien el sistema hidráulico de calefacción de la vivienda. Su instalación suele estar regulada por las normativas técnicas de edificación de cada país y por los criterios de integración arquitectónica de las ordenanzas municipales.

In recent years, vacuum solar collectors, which are more expensive to buy, have emerged onto the market. They integrate into the building better and are more efficient because they do not use pipes with antifreeze, an evacuated space is left in the gap between the protective glass and the absorbing surface.
This model, sold by Chromagen, presents a thermosiphon system for assembly on flat or sloping roofs. The system consists of a storage battery (79 gallons) with a double envelope heat exchanger, and two flat collectors with a selective absorber. It is installed on a steel modular support protected against corrosion. The tank conserves hot water generated by the collectors for a limited time, between one and four days in the case of small systems.

En los últimos años han aparecido los colectores solares de vacío, que son más caros de adquirir. Se integran mejor en el edificio, y su funcionamiento es más eficiente, ya que no usan tubos con líquido anticongelante, sino que se hace el vacío en el espacio que queda entre el cristal protector y la superficie absorbente.
Este modelo, comercializado por Chromagen, presenta un sistema termosifónico para montar sobre cubiertas planas o inclinadas. El sistema está compuesto de un acumulador de almacenamiento (300 L), un intercambiador de calor de doble envolvente, y dos captadores planos con un absorbedor selectivo. Se instala sobre un soporte modular de acero protegido contra la corrosión. La función del depósito es conservar caliente el agua generada por los captadores durante un tiempo limitado (entre uno y cuatro días en el caso de sistemas pequeños).

We often associate **wind energy** with wind turbines that we see in the countryside, but this type of renewable energy can also be used for small scale residential buildings. There are two types: those that are placed on the roof and those located on masts.
The former are capable of charging 12-24 V batteries from 100 W to more powerful models with 2.5 kW turbines that can export their surplus to the electrical grid.
Mast turbines are between 9.8 and 49 feet tall with a capacity that can range from 600 W to 20 kW. Its actual energy production depends on the length of the blades of the turbine, the wind speed and whether the turbine is obstructed by a building or mass of trees.

A menudo asociamos la **energía eólica** con los aerogeneradores que podemos divisar en el paisaje, pero este tipo de energía renovable también se puede usar a pequeña escala en edificios residenciales. Existen dos sistemas: los que se colocan en la cubierta y los que están situados sobre mástiles.
Los primeros pueden ser capaces de cargar baterías de 12-24 voltios desde los 100 W hasta modelos más potentes con turbinas de 2,5 kW, que pueden exportar lo que les sobra a la red eléctrica.
Los que usan mástil pueden tener entre 3 y 15 m de altura y una capacidad entre los 600 W y los 20 kW. Su producción real de energía dependerá de la longitud de las palas de la turbina, de la velocidad del viento y de si la turbina está obstaculizada por algún edificio o masa arbolada.

Example of installation with wind turbine

1. Wind turbine
2. Surge controller
3. Inverter
4. Battery
5. Electricity for own consumption
6. Counter
7. Connection to the power grid to sell the surplus energy

Ejemplo de instalación con una turbina eólica

1. Aerogenerador
2. Regulador de sobrevoltaje
3. Inversor
4. Batería
5. Electricidad para autoconsumo
6. Contador
7. Conexión a la red de distribución eléctrica para vender la energía sobrante

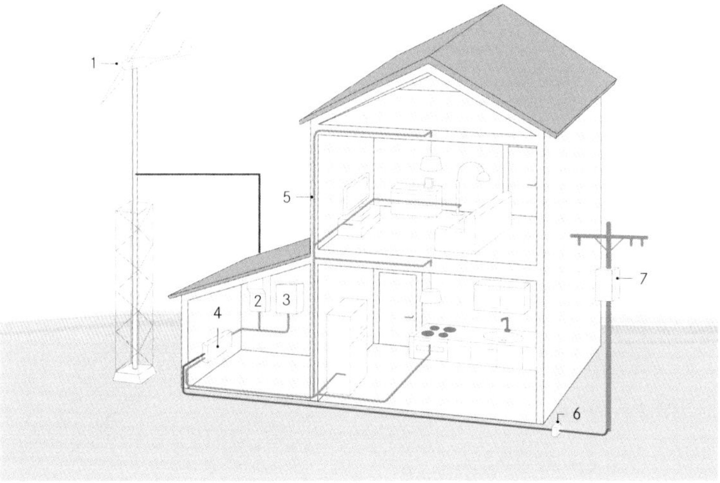

If we assemble a mast-type installation, the best results are achieved when it is 32 feet or more away about the buildings and surrounding trees. It is important not to install a turbine at a point where there is excessive turbulence.
The majority of single-family homes have a consumption less than 15 kW. To budget for an installation of this type, a rough calculation of 3,300 euros per kilowatt installed should be made which will include the turbine, the mast, the inverters and the batteries (compulsory if the home is off-the-grid). If you have to sell energy to the grid, you must install an export meter, which costs between 400 and 500 euros. Find out if there are grants available for its installation.

Si montamos una instalación tipo mástil, los mejores resultados se consiguen si se dejan 10 m de distancia o más respecto a los edificios y árboles de los alrededores. Es importante no instalar una turbina en un punto donde haya excesivas turbulencias.
La mayoría de las viviendas unifamiliares tienen un consumo inferior a 15 kW. Para presupuestar una instalación de este tipo se debe hacer un cálculo aproximado de 3.300 euros por kilovatio instalado, lo que incluirá la turbina, el mástil, los inversores y las baterías (necesarias si la vivienda está aislada). Si hay que vender a la red, se debe instalar un contador para exportar, que cuesta entre 400 y 500 euros. Es recomendable consultar si hay subvenciones para su instalación.

An annual review must be carried out to check for any damage. Microturbines last between 15-20 years, so their depreciation during their lifetime always depends on the purchase price that the government establishes for surplus sold to the grid. The Energy Ball V100, sold by Home Energy International, has a power output of 500 kWh, and an average speed of 7 m/s. It can be assembled on roofs with a mini-mast 14.7 feet high or with an independent mast measuring 32-39 feet.

En cuanto al mantenimiento, es necesaria al menos una revisión anual para verificar que no haya algún tipo de desperfecto. Los microgeneradores eólicos duran entre 15-20 años, por lo que la amortización de estos durante su vida útil dependerá siempre del precio de compra que marque el gobierno para los excedentes que se venden a la red.
El modelo V100 de Energy Ball, comercializado por Home Energy International, tiene una potencia de salida de 500 kWh, a una velocidad media de 7 m/s. Puede montarse en cubiertas con un minimástil de 4,5 m o con un mástil independiente de 10-12 m.

The use of **biomass** to heat homes goes back to the times when man discovered fire. Today's biomass heaters mainly use pellets and chippings, and can be used both for heating and domestic hot water. Biomass has many advantages. It is cheaper than diesel or electricity. From an environmental standpoint, the heaters release less pollution than diesel and are more efficient. Moreover, the fuel is widely available material and, in the case of the pellets, gives a second life to forest and industrial timber waste. And, from a social perspective, using biomass is a way of caring for neglected forests and helping to manage them to reduce the risk of forest fires.
The price of a biomass heating system is somewhere between 5,400 and 9,800 euros. The only maintenance required is the removal of ash, which is not abundant and which can be used for compost.

El uso de la **biomasa** para calentar el hogar es tan antiguo como el descubrimiento del fuego. Las actuales estufas de biomasa utilizan principalmente *pellets* y astilla, y sirven tanto para la calefacción como para generar agua caliente sanitaria. Las ventajas de la biomasa son múltiples. Económicamente, es más barata que el gasóleo o la electricidad. Desde el punto de vista medioambiental, estas estufas son menos contaminantes que las de gasóleo y más eficientes. Además, es un producto abundante y de proximidad y que, en el caso de los *pellets*, da una segunda vida a los desechos forestales y de la industria de la madera. Socialmente, utilizar la biomasa es un modo de dar valor a los abandonados bosques y de contribuir a su gestión para minimizar el riesgo de incendios forestales.
El precio de la instalación se encuentra entre los 5.400 y los 9.800 euros. El único mantenimiento requerido es retirar las cenizas, que no son abundantes y pueden servir para el compost.

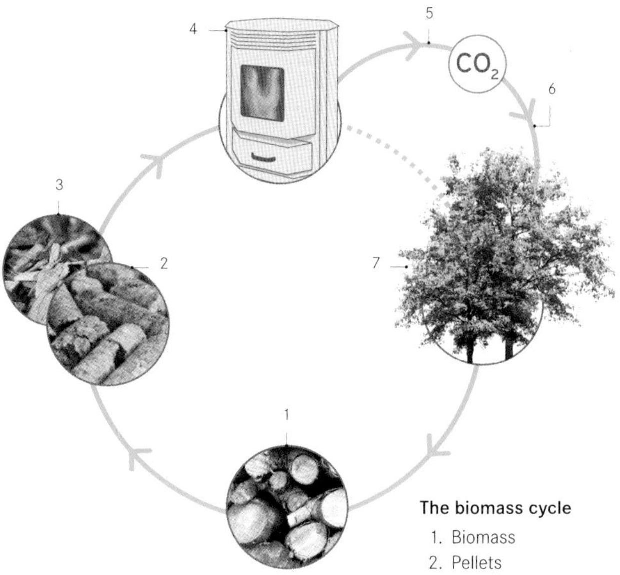

The biomass cycle

1. Biomass
2. Pellets
3. Chipping
4. Combustion
5. CO_2 emission
6. CO_2 collection
7. Photosynthesis

El ciclo de la biomasa

1. Biomasa
2. *Pellets*
3. Astilla
4. Combustión
5. Emisión de CO_2
6. Captación de CO_2
7. Fotosíntesis

Pellets are small cylinders made from a pressed material similar to sawdust which are made from forest and timber industry waste. Chippings are simply a fragment of a piece of wood. Unlike pellets, they do not undergo any transformation process, but they have a lower caloric efficiency.

Los *pellets* son pequeños cilindros fabricados a partir de un material prensado parecido al serrín y que tiene su origen en desechos forestales y de la industria de la madera. La astilla es, simplemente, un fragmento de una pieza u objeto de madera. A diferencia de los *pellets*, no sufre ningún proceso de transformación, pero su eficiencia calorífica es menor.

There are different models of biomass heaters, with something to suit everyone. They work by means of electronic thermostats, and the raw materials can be introduced mechanically or manually.

Existen distintos modelos de estufas de biomasa, al gusto del cliente. Funcionan a través de termostatos electrónicos y la materia prima se puede introducir de manera mecánica o manual.

For new housing, the foundations are used for the horizontal circuit, while in rehabilitated houses and urban areas, vertical circuits are more frequent.

En las viviendas nuevas, se utilizan los mismos cimientos para hacer pasar el circuito horizontal, mientras que en las rehabilitaciones y en las zonas urbanas lo habitual son los circuitos verticales.

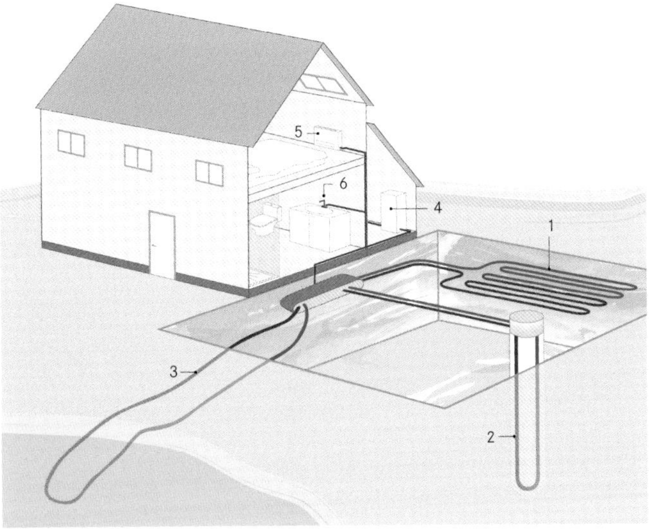

The different types of geothermal installations

1. Horizontal circuit
2. Vertical circuit or well
3. Exchange with ground water or surface water
4. Heat pump
5. Air conditioning
6. Domestic hot water

Las distintas tipologías de instalaciones geotérmicas

1. Circuito horizontal
2. Circuito vertical o pozo
3. Intercambio con aguas subterráneas o superficiales
4. Bomba de calor
5. Climatización
6. Agua caliente sanitaria

Geothermal energy has been used since the mid seventies in countries like Switzerland or Finland. It consists in the use of the Earth's internal heat to supply hot water and heating to buildings or infrastructures. In the case of residential housing, these types of installations use the gradient temperature of the surface layers of the earth, as from a certain depth the soil temperature is constant (15 °C in Mediterranean latitudes). Therefore it can be used to cool down structures in summer and as a form of heat in winter using a heat exchanger.

The external circuit, called the collector, is a plastic pipe circuit through which an antifreeze solution flows. It should be installed in the design phase, during the earthmoving stage, because otherwise the price increases. For a 10 kW installation in a 1290 ft^2 house the cost is approximately 15,000 euros. For every square foot of housing between 1.2 and 2 feet of land is required. Trees cannot be planted on this land. Therefore, horizontal geothermal installation above all requires space.

La **energía geotérmica** se usa desde mediados de los setenta en países como Suiza o Finlandia. Consiste en el aprovechamiento del calor interno de la Tierra para abastecer de agua caliente sanitaria y calefacción a edificios o infraestructuras. En el caso de la vivienda, este tipo de instalaciones utiliza el gradiente de temperatura de las capas superficiales del terreno, ya que a partir de una cierta profundidad la temperatura del suelo es constante (15 °C en las latitudes mediterráneas), por lo que sirve de refrigeración en verano y de calefacción en invierno mediante el uso de un intercambiador.

El circuito exterior, llamado colector, consiste en un circuito de tuberías de plástico por las que circula una solución anticongelante. Es importante que su instalación se incorpore en el diseño, durante el movimiento de tierras de la obra, ya que sino el precio aumenta. Para una instalación de 10 kW en una vivienda de 120 m^2 se presupuestan unos 15.000 euros. Por cada metro cuadrado de vivienda se precisan entre 1,2 y 2 m de superficie de terreno en el que posteriormente no se pueden plantar árboles. En consecuencia, la instalación geotérmica horizontal necesita sobre todo espacio.

The **Passivhaus** certification is an European seal originally from Germany and Austria, which summarizes the main premises for a bioclimatic profile house:

- High level of isolation and reduction of thermal bridges.
- High levels of solar gain.
- Good air quality inside the home, using a mechanical ventilation system with heat recovery.
- Excellent level of airtightness.

If the aforementioned points are complied with, the housing virtually requires no additional system of heating or cooling generated by active strategies which, as we have seen, consume higher levels of energy. If you require any auxiliary systems, install an integrated system for heat, hot water and ventilation.

Finally, if you live in Europe (latitude between 40° and 60°) the following energy limits are set:

- The total demand for energy for heating and cooling should not exceed 15 kWh/m^2 per year.
- The total primary energy for appliances, water heating and climate control must be less than 120 kWh/m^2 year.

En Europa existen los certificados **PassivHaus**, un sello impulsado originariamente desde Alemania y Austria, que resumen las premisas para obtener una vivienda de perfil bioclimático:

- Alto nivel de aislamiento y reducción de puentes térmicos.
- Alta dosis de ganancia solar.
- Buena calidad de aire en el interior de la vivienda, mediante el uso de un sistema mecánico de ventilación con recuperación de calor.
- Excelente nivel de hermeticidad.

Cumpliendo estos puntos se consigue que la vivienda casi no necesite un sistema auxiliar de calefacción y enfriamiento generado por medio de estrategias activas que, como ya hemos visto, representan un mayor consumo energético. En caso de requerir alguno de estos sistemas auxiliares, se recomienda buscar un sistema integrado para calor, agua caliente sanitaria y ventilación. Por último, si la vivienda se construye en un país europeo (latitud entre 40° y 60°) se establecen unos límites energéticos:

- La demanda total energética para calentar y enfriar no debe superar los 15 kWh/m^2 al año.
- La energía primaria total para electrodomésticos, agua caliente sanitaria y climatización debe ser menor de 120 kWh/m^2 al año.

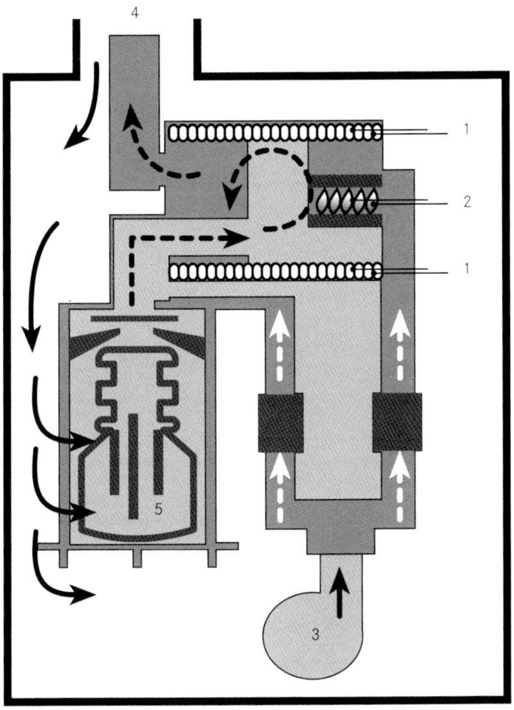

1. Heat exchangers
2. Auxiliary burner
3. Combustion fan
4. Balanced flue
5. Stirling engine and alternator

1. Intercambiadores de calor
2. Quemador auxiliar
3. Ventilador para aspiración de gases
4. Tiro de la caldera
5. Motor Stirling y alternador

Heat-energy combined cycles are dual systems that produce electricity and heat and reduce energy consumption by 25 %. As they are domestic systems, electricity is consumed where it is produced, thus there is little loss due to transfer. These combined cycle devices are designed to operate during the day and release a consistent low heat, and the cost is recouped in three to four years. Their price ranges between 540 and 1,083 euros. A standard model can produce approximately 2,400 kWh of electricity per year and approximately 18,000 kWh of heat.

Los **ciclos combinados calor-energía** son sistemas duales que producen electricidad y calor y reducen el consumo energético en un 25%. Al tratarse de sistemas de aplicación doméstica, la electricidad se consume allí donde se produce, con lo cual hay pocas pérdidas de transferencia. Estos aparatos de ciclo combinado están diseñados para funcionar durante el día, liberan un nivel bajo de calor constante, y se amortizan en unos tres o cuatro años. Un modelo estándar puede producir alrededor de 2.400 kWh de electricidad al año y unos 18.000 kWh de calor, y su precio está entre los 540 y los 1.083 euros.

Passive strategies derived from the bioclimatic design of a home are those that consume less and, therefore, are most beneficial to the environment. Mainly, they consist of achieving a high degree of thermal insulation, they take advantage of the orientation of the building and the greenhouse effect as a source of heat in winter, and they facilitate cross-ventilation to cool the space in summer.

Las **estrategias pasivas** derivadas del diseño bioclimático de una vivienda son las que consumen menos y, por tanto, son las más beneficiosas para el medio ambiente. Principalmente consisten en lograr un alto grado de aislamiento térmico, aprovechar la orientación solar y el efecto invernadero como fuentes de calor en invierno, y facilitar la ventilación cruzada para refrescar los espacios en verano.

Room climate control

One of the clear advantages of the bioclimatic design of a home is that it can control the interior temperature naturally. When this alone is not suffice, we should use mechanical systems to provide heat or cool air. This section presents solutions for zero or low-energy consumption climate control.

Climatización de las estancias

Una de las claras ventajas del diseño bioclimático es que representa una forma de climatizar el interior de las construcciones de una manera totalmente natural. Cuando dicha solución no sea suficiente, deberíamos incorporar sistemas mecánicos de aporte de calor o frío. En este apartado presentamos soluciones de climatización de consumo energético bajo o nulo.

The interior courtyard with trees and vegetation serves as a bag of fresh air to cool rooms in the house in warm climates. In this case, instead of a courtyard, there is a gallery which connects the two wings of the same building. As it is glass and due to the lush vegetation inside, it generates cool air thanks to the evapotranspiration of plants and the effect of cross ventilation that occurs between the two sides of the house.

Un patio interior con árboles y vegetación sirve de bolsa de aire para refrescar las estancias de la vivienda en climas cálidos. En este caso, en lugar de un patio, encontramos una galería que conecta las dos alas de un edificio. Al ser acristalada y debido a la abundante vegetación en su interior, genera frescor gracias a la evapotranspiración de las plantas y al efecto de ventilación cruzada que se produce entre las dos partes de la vivienda.

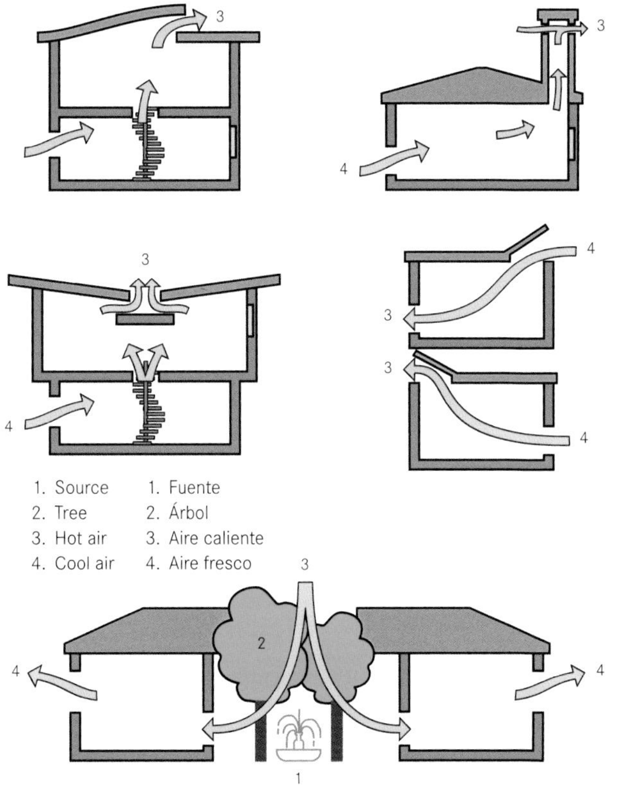

During winter in temperate climates or throughout the year in cold climates it is useful to take advantage of the **greenhouse effect**. The design of the house should include galleries in the façade receiving more hours of direct sunlight. In this context, higher thermal mass flooring such as concrete facilitates the accumulation of heat, to then be released inside when the temperature lowers.

Durante el invierno en climas templados o durante todo el año en climas fríos es útil aprovechar el **efecto invernadero**. El diseño de la vivienda debe favorecer la existencia de galerías en la fachada que recibe más horas de sol durante el día. En este sentido, disponer de un solado de alta inercia térmica, como el hormigón, facilita la acumulación de calor para liberarla hacia el interior cuando la temperatura ambiental disminuye.

Green tank roofs, or **aljibe roofs**, collect and store rainwater. The technique is quite simple: it consists of placing slabs over some supports. In the space between the slabs and the waterproof surface of the building, the rainwater is stored that filters along the slabs. In most cases, the water accumulated can be used to irrigate the plants on the roof itself. It can also be used to supply fire prevention systems and for any other water which does not need to taken from the tap. These roofs are can be walked on because of the slabs that filter the water, allowing you to create a fantastic garden or terrace where you can take a short stroll or even place a bench to sit on and rest. As well as being another living space in the home, in warmer climates the tank on the roof gives the building thermal balance, allowing the interiors to remain cool. As they can be walked on, green tank roofs can also be transformed into a garden or a terrace to be enjoyed.

Las **cubiertas aljibe** recogen y almacenan el agua de lluvia. La técnica es bastante sencilla y consiste en colocar unas losas elevadas sobre unos soportes. En el espacio que queda entre las losas y la impermeabilización del edificio se almacena el agua de lluvia que se filtra por la losa. En la mayoría de los casos, el agua acumulada sirve para el riego de las plantas del propio tejado. No obstante, también se puede usar para abastecer sistemas contra incendios y para cualquier otro consumo de agua no potable del edificio. Estas cubiertas son transitables, debido a las losas por las que se filtra el agua, y permiten tener un auténtico jardín o terraza donde caminar e incluso instalar algún banco para sentarse. Pero, además de funcionar como una estancia más del hogar, en los climas cálidos el aljibe de la cubierta ofrece equilibrio térmico a la construcción y permite que la temperatura ambiente interior sea siempre fresca.

Components of a green tank roof

1. Losa filtrante
2. Soporte regulable
3. Agua
4. Rebosadero
5. Membrana impermeabilizada de PVC
6. Capa antipunzante geotextil
7. Soporte base regularizado

Partes de una cubierta aljibe

1. Filtration slab
2. Adjustable support
3. Water
4. Overflow
5. PVC waterproof membrane
6. Hardwearing geotextile layer
7. Regulated base support

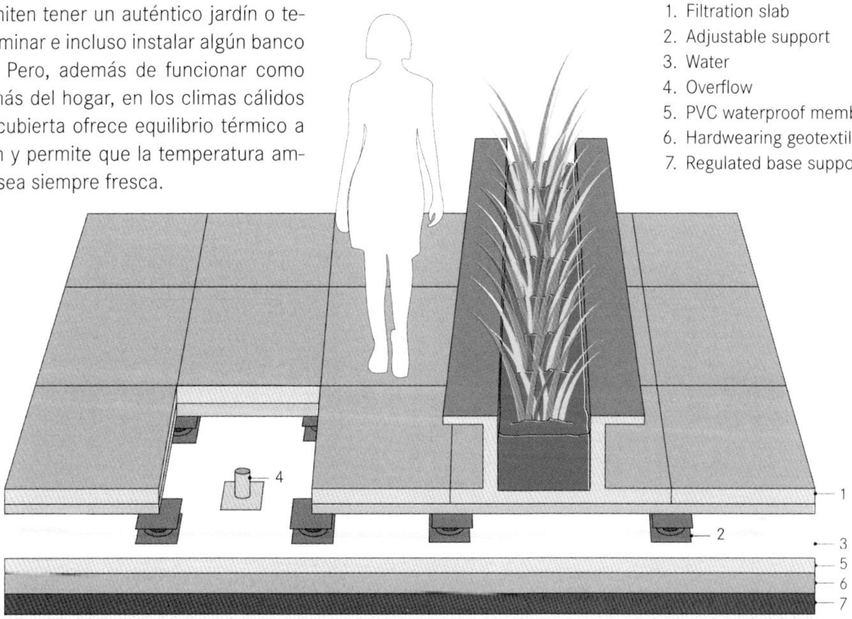

A **roof garden** is another winning choice to control the temperature in a house naturally. The vegetated cover acts as a thermal mass that regulates the temperature inside. It has a dual effect: in summer it prevents the roof from overheating, while in winter, it counteracts the cold as it accumulates heat during the day. It also provides a home for birds and insects and blocks out noise, by reducing up to 8 dB the noise inside. A closeby wooded area with deciduous species also has beneficial effects, especially in hot countries. Thus, in summer it blocks out the sun, while winter it lets the sun through.

La **cubierta ajardinada** es otra buena solución para climatizar la vivienda de una manera natural. La capa vegetal en la cubierta actúa como una masa térmica que regula la temperatura en el interior. Tiene un efecto dual: en verano evita el sobrecalentamiento de la techumbre, mientras que en invierno contrarresta el frío, ya que durante el día acumula calor. Aparte sirve de hábitat para aves e insectos y amortigua la contaminación acústica, reduciendo en hasta 8 dB el ruido en el interior. La proximidad de una masa arbolada alrededor también tiene efectos beneficiosos, sobre todo en países cálidos y con especies de hoja caduca que en verano proporcionan sombra, mientras que en invierno dejan pasar el sol.

Layout of a green roof

1. Vegetation
2. Earth or plant substrate
3. Geotextile (fabric that prevents unwanted mixing of soils with different properties)
4. Drainage layer
5. Anti-root barrier
6. Waterproof membrane

Esquema de una cubierta vegetal

1. Vegetación
2. Tierra o sustrato vegetal
3. Geotejido (tela que evita la mezcla indeseada de suelos con características diversas)
4. Capa de drenaje
5. Barrera antiraíces
6. Membrana impermeabilizante

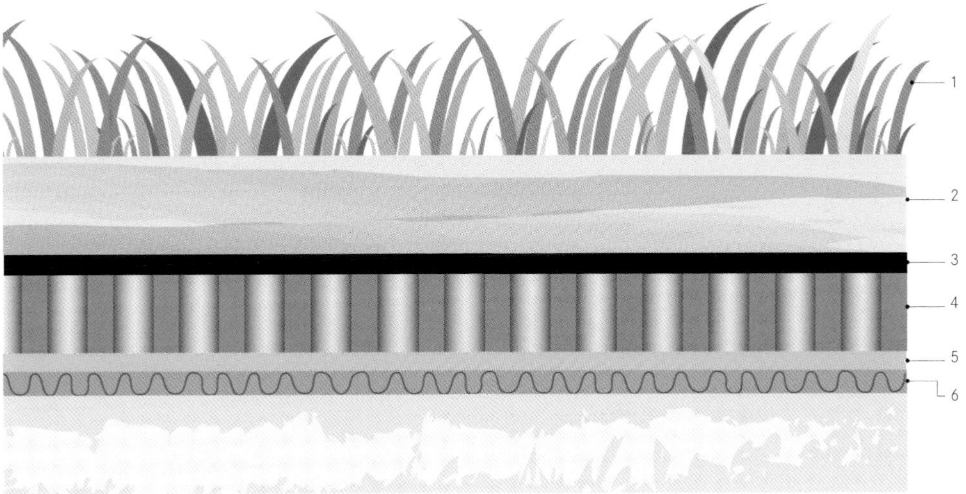

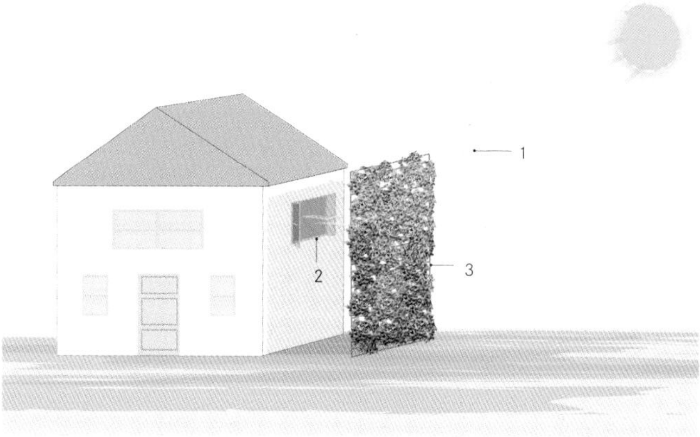

Living walls or **green walls** are very useful in warmer regions. They tend to be used on the façades receiving the most sunlight, thus preventing the sun's rays from hitting the dwelling directly. Moreover, the distance between both walls serves as insulation: the vegetation cools the layer of air that is in contact with the wall of the house by means of the evaporation of water on the surface of the leaves. In this way, the surface temperature of the wall falls and less heat transfers to the dwelling. In the coolest façade, as it does not face the sun, the microclimate obtained between the two walls is ideal for ventilating the home with cool air.
One simple yet efficient example is typical ivy-covered walls. It is recommended that the plant be deciduous, so that in winter, the sun's rays reach the dwelling, and that this should not grow directly on the wall, but on a parallel lattice to create an air chamber between the two surfaces.

Las **paredes vegetales** o **verdes** son muy útiles en zonas cálidas. Se suelen implantar en las caras más soleadas para impedir que los rayos de sol den directamente a la vivienda. Además, la distancia entre ambos muros funciona como aislamiento: la vegetación enfría la capa de aire que está en contacto con la pared de la casa mediante la evaporación del agua superficial de las hojas. Así, se reduce la temperatura superficial de la pared y se consigue una menor transmisión de calor a la vivienda. En la cara más fría (la que recibe menos horas de sol), el microclima que se consigue entre los dos muros es ideal para ventilar el hogar con aire fresco.
Un ejemplo sencillo y eficiente son las típicas paredes cubiertas de hiedra. Es recomendable que la planta sea de hoja caduca, para que en invierno los rayos de sol sí lleguen a la vivienda, y que no crezca directamente en la pared, sino en una red paralela para crear una cámara de aire entre ambas superficies.

Advantages of a living wall
1. Protects from the direct heat of the sun's rays
2. Provides a perfect shade for ventilation
3. Insulation (reduces the transmission of heat to the dwelling)

Ventajas de la pared vegetal
1. Protección del calor directo de los rayos del sol
2. Sombra ideal para ventilar
3. Aislamiento (se reduce la transmisión de calor a la vivienda)

The more complex living walls entail greater costs because they require a metal frame that binds the soil and plants. They also require more upkeep, though this depends on the vegetation used on the wall. As always, it is better to choose native plants, but rupicolous plants (those living in rocky areas) also work very well, as do saxicolous plants (those growing between gaps in stones).

Las paredes vegetales más complejas comportan un mayor gasto económico porque requieren una estructura metálica que sujete la tierra y las plantas. También precisan de un mayor mantenimiento, aunque dependerá de la vegetación que contenga el muro. Como siempre, es mejor optar por las plantas autóctonas, pero también funcionan muy bien las rupícolas (que viven en zonas rocosas) y las saxícolas (que penetran entre las brechas de las piedras).

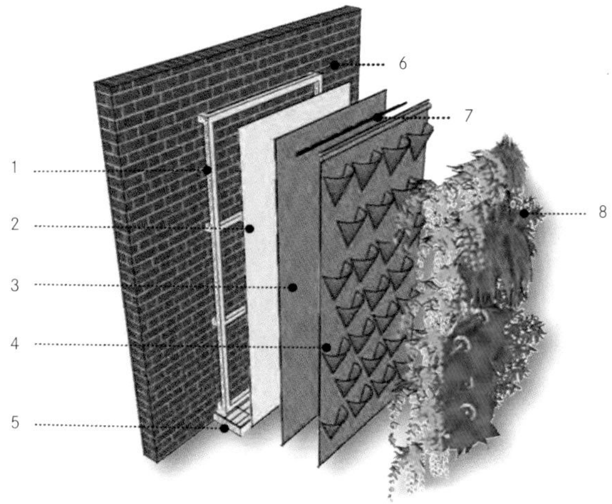

1. Metal structure
2. Humid insulation material
3. Hydroponic substrate 1
4. Hydroponic substrate 2
5. Overflow recovery
6. Existing wall
7. Irrigation system
8. Plants

1. Estructura metálica
2. Material aislante de humedades
3. Sustrato hidropónico 1
4. Sustrato hidropónico 2
5. Canaleta de recuperación
6. Muro existente
7. Sistema de riego
8. Plantas

To add value to living walls, the Catalan companies Vivers Ter and Asepma have created the Babylon wall, capable of purifying water. The system is composed of pumping domestic greywater, which is the water from showers, baths and washbasins, through the wall. Thanks to biofiltration, the wall purifies the water, which is then collected and reused for irrigation or toilet flushing. At the same time, the greywater irrigates the vegetation on the wall.
When passing through the Babylon wall, the greywater from the house is purified to be subsequently used for irrigation or toilet flushing.

Para dar un valor añadido a la pared vegetal, las empresas catalanas Vivers Ter y Asepma han creado el muro Babylon, capaz de depurar agua. El sistema consiste en hacer pasar por la pared las aguas grises del hogar, que son las que proceden de la ducha, el baño y los lavamanos (no del inodoro). Por biofiltración, el muro depura dicha agua, que luego se recoge y se reutiliza para el riego de zonas verdes o para el suministro del retrete. Al mismo tiempo, las aguas grises sirven para irrigar la vegetación del muro.
Cuando pasan a través del muro Babylon, las aguas grises de la vivienda son depuradas para su posterior uso para el riego o para el suministro de los retretes.

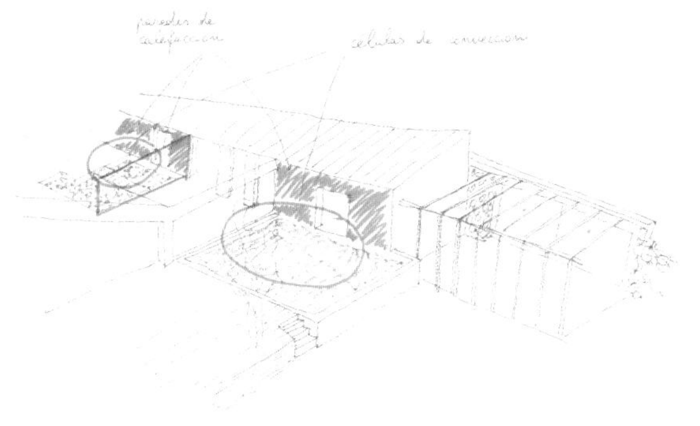

The generation of cool air by **evaporation** is also beneficial, although not recommended for humid climates. This house in Cantallops, Spain is surrounded by two pools to cool the nearby rooms by evaporation; in winter the water accumulates heat, which then passes it to the walls of the high thermal inertia.

Refrescar el hogar por **evaporación** también es una medida beneficiosa, aunque no se aconseja para climas muy húmedos. Esta vivienda de Cantallops (España) está rodeada de dos piletas que enfrían las estancias cercanas por evaporación; en invierno el agua acumula calor, que después desprende a los muros de alta inercia térmica.

In bioclimatic building, there are no set construction models. What works in one climate does not as a rule work in another.
In a house that needs heat in winter (in the Northern Hemisphere), the main façade should be south-facing. The windows, balconies and main openings should be on this side of the house, as well as the most frequently used rooms, such as the dining room or the kitchen. The goal is to harness the heat of the sun. To the east, the west and particularly the north, there should be fewer openings, and these should be smaller to prevent heat loss. In summer, the windows on the north side also provide natural cooling.

En la arquitectura bioclimática no existen modelos constructivos únicos. Lo que es válido en un clima no tiene por qué serlo en otro.
En una casa que necesite calor en invierno (en el hemisferio norte), la fachada principal debe mirar al sur. Los ventanales, los balcones y las aberturas mayores deben estar en este lado de la casa, al igual que las estancias más usadas, como el comedor o la cocina. El objetivo es aprovechar al máximo el calor y la luz natural de los rayos del sol. Al este, al oeste y, sobre todo, al norte, las aberturas deben ser pocas y de menor tamaño para evitar pérdidas de calor. Por otro lado, en verano las ventanas de la cara norte facilitan la refrigeración natural.

Cross ventilation systems are recommended for moderate climates. It consists of fresh air circulating through the rooms. Lantern windows, skylights and other openings that connect the coldest part of the house with the hottest are excellent to enhance this current. They are more efficient in the case of isolated dwellings since the effect is reduced if you live in a compact city.

La **ventilación cruzada** está recomendada para climas moderados. Consiste en la circulación de aire fresco a través de las habitaciones. Para potenciar dicha corriente son muy útiles las ventanas de linterna, los tragaluces y cualquier tipo de aperturas que conecten la parte más fría de la vivienda con la más caliente. Esta estrategia es más eficiente en el caso de viviendas aisladas, ya que el efecto se ve reducido si se vive en una ciudad compacta.

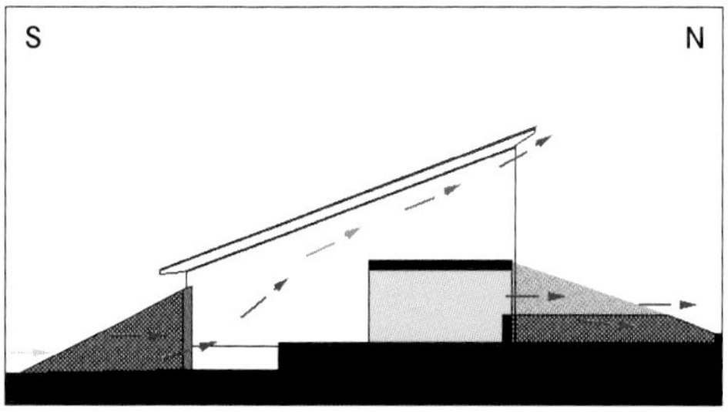

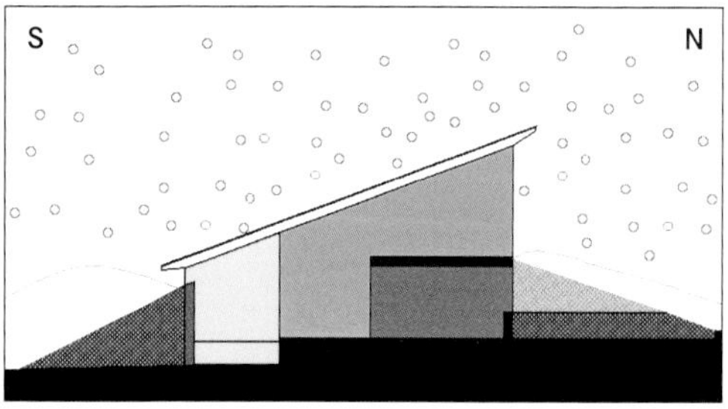

How cross ventilation works
Funcionamiento de la ventilación cruzada

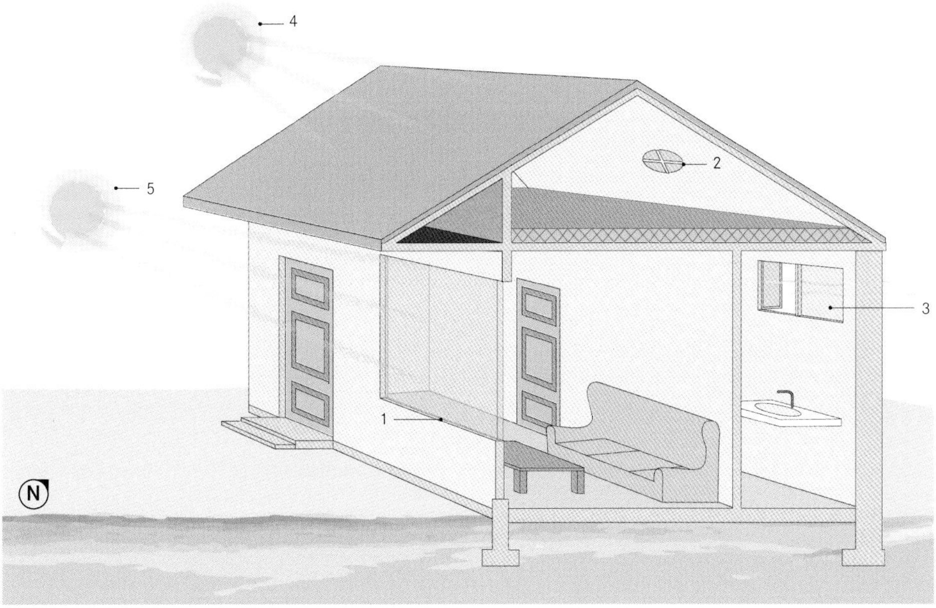

House that seeks the sun in winter and is protected from it in summer

1. The main façade and the larger windows should be in the façade receiving more hours of direct sunlight.
2. A few small windows should be in the less sunny façade, the east and the west.
3. The openings on the shady side help cooling in summer.
4. Summer sun
5. Winter sun

Vivienda que busca el sol en invierno y se protege de él en verano

1. La fachada principal y las ventanas de mayor tamaño deben situarse en la cara que recibe más horas de sol.
2. En las fachadas de menor insolación, la este y la oeste, han de situarse pocas ventanas y pequeñas.
3. Las aberturas de la fachada de menor insolación facilitan la refrigeración en verano.
4. Sol de verano
5. Sol de invierno

In warmer climates, an opposite strategy should be adopted: the main façade and larger openings are better located on the shady side; while it is better to place fewer and smaller openings on the sunny wall to avoid unwanted heat gain. In these regions, the sun is not an ally, but an enemy.

En un clima caluroso, contrariamente a lo indicado hasta ahora, la fachada principal y las aberturas mayores es mejor ubicarlas en el lado opuesto al sol, mientras que en la cara más soleada interesa que las aberturas sean pocas y de menor tamaño para evitar ganancias de calor indeseadas. En este caso, el sol no es un aliado, sino un enemigo.

This house leverages the fact that it is half buried between stone gabions so that air can circulate between the crushed stone and the gaps that draws the roof structure.

Esta vivienda aprovecha el hecho de estar semienterrada entre gaviones de piedra. El aire puede circular entre la piedra machacada y las rendijas que dibuja la estructura de la cubierta.

Before deciding on the different openings that will facilitate cross ventilation, you need to know the prevailing wind directions in the area.

Antes de disponer las distintas aberturas que propiciarán la ventilación cruzada, es necesario conocer cuáles son los vientos dominantes de la zona.

Also known as Canadian well, the **ground-coupled heat exchanger** uses heat from the ground to heat or cool air captured from the exterior. It is based on the simple fact that soil temperature is higher than the ambient temperature in winter and lower than it in summer. The system comprises an air inlet located outside a building. This inlet is connected to a pipe buried to a depth of between one and two metres. In winter, the air is heated as it passes through this tube, while in summer it is cooled. Thus, the system uses heat exchange to heat and cool the home.
Adding a ground-coupled heat exchanger to a new build is very economical, but not in existing houses, for which the price is considerably higher. Nevertheless, this system has a variant in which the tube, instead of being buried, passes through a body of water. This process is called "split cooling loss."

También conocido como «pozo provenzal», el **pozo canadiense** aprovecha la templanza del subsuelo para calentar o enfriar aire captado del exterior. Se basa en la simple constatación de que la temperatura del suelo es más elevada que la temperatura ambiente en invierno y más baja en verano. El sistema está integrado por una entrada de aire ubicada en el exterior del edificio. Esta entrada está conectada a un tubo soterrado a una profundidad de entre uno y dos metros que finaliza en la vivienda. En invierno, el aire se calienta a su paso por este tubo, mientras que en verano se enfría. De este modo, se aprovecha el intercambio de calor para la climatización del hogar.
Implantar un pozo canadiense en una obra nueva es muy económico, pero no es así en las viviendas ya construidas, en las que el precio es considerablemente superior. Por otro lado, existe una variante de este sistema en la que el tubo, en lugar de estar soterrado, pasa por un lugar con agua. A este recurso se le llama «refrigeración por pérdida separada».

These images featuring the construction of a ground-coupled heat exchanger show the connection of the pipe with the house, the underground circuit that the air will pass along and the outlet through which it will pass to the outside.

En estas imágenes en las que se está construyendo un pozo canadiense se puede ver la conexión del tubo con la casa, el circuito soterrado que seguirá y el orificio por el cual entrará el aire exterior.

How a ground-coupled heat exchanger works
1. In summer
2. In winter

Funcionamiento de un pozo canadiense
1. En verano
2. En invierno

1

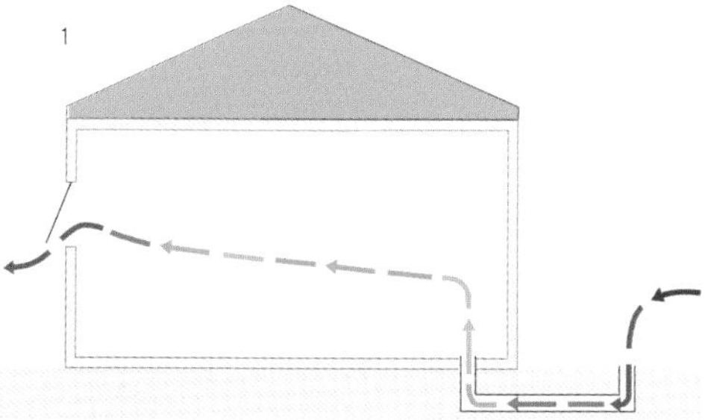

2

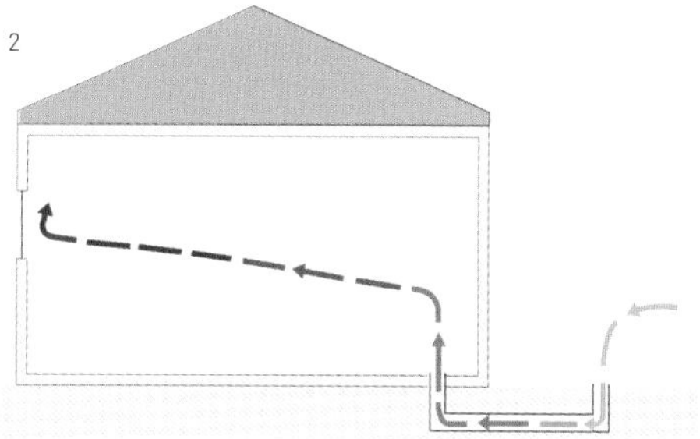

The **solar chimney effect** is a resource featured in traditional building consisting of a black-painted chimney. It cools the house below by harnessing the sun's heat. As it is painted black, a color that has a great capacity to absorb the sun's heat, the chimney heats up more quickly, as does the air inside it. This results in an upward airflow that expels the hot air from inside the house.
Thanks to this passive cooling system, a cool atmosphere can be achieved on days when there is no breeze at all. The power of the movement of air should not be underestimated: it produces a feeling of a fall in temperature of between 3 and 5°C.

El **efecto chimenea solar** es un recurso de la arquitectura tradicional que consiste en una chimenea pintada de negro. Tiene como objetivo refrescar el hogar aprovechando el calor solar. Al estar pintada de negro, color que se caracteriza por su gran poder de absorción de los rayos solares, la chimenea se calienta de un modo más rápido e intenso, al igual que el aire de su interior. Esto da como resultado una corriente de aire ascendente que expulsa el aire caliente del interior de la vivienda.
Este sistema pasivo de refrigeración consigue refrescar el ambiente los días en los que no corre ni un poco de brisa, y es que no hay que menospreciar el poder del movimiento del aire, pues produce una sensación de descenso de la temperatura de entre tres y cinco grados centígrados.

In this house the solar chimney effect allows air to exit through the stairwell by two motorized skylights in the roof, which expel the hot air in summer and that helps fresh air to enter through the ground floor.

En esta vivienda el efecto chimenea solar permite la salida de aire por la caja de la escalera a través de dos claraboyas motorizadas en la cubierta que expulsan el aire caliente durante el verano y facilitan la entrada de aire fresco por la planta baja del edificio.

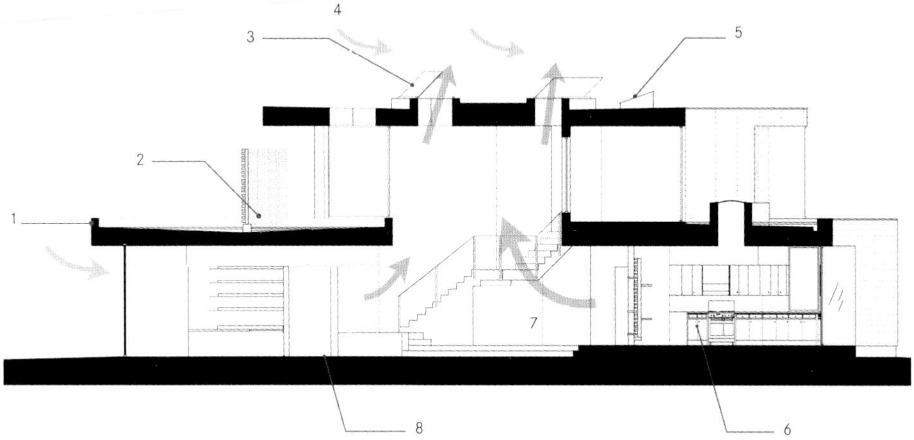

How a solar chimney works

1. South-facing eave
2. Sunscreen
3. Motorized skylight
4. Ocean breeze
5. Photovoltaic panel
6. Medium-density fiberboard
7. Hot airflow
8. Radiant heating in concrete floor

Funcionamiento de una chimenea solar

1. Alero con orientación sur
2. Pantalla de protección solar
3. Tragaluz motorizado
4. Brisa marina
5. Panel fotovoltaico
6. Tablero de fibra de densidad media
7. Flujo de aire caliente
8. Calefacción radiante en suelo de hormigón

Although in very hot climates it is difficult for a solar chimney alone to provide a sufficient level of comfort, it does help to reduce costly cooling bills.

Aunque en climas muy calurosos es difícil que la chimenea solar sea suficiente para alcanzar un nivel de confort, sí es una ayuda para reducir la costosa factura de refrigeración.

As its name implies, the aim of a **windcatcher** is to capture the movement of air within a house. This passive cooling system consists of a small square or rectangular tower, located on the roof, and contains vertical bars where the outside air blows across. When passing through the tower, this hot air from the outside absorbs the warm air inside the house and draws it out. This building technique is mainly employed in large constructions, but it can also be used in smaller buildings. Windcatchers are typically used in the Middle East because the feature was originally an Arab invention used since ancient times. Like the solar chimney, a windcatcher alone may not be enough to achieve a comfortable temperature, but it helps to cool the environment with zero energy costs.

Como ya da a entender su propia denominación, el objetivo de la **torre de viento** es propiciar el movimiento de aire dentro de la vivienda. Este sistema pasivo de refrigeración está integrado por una pequeña torre cuadrada o rectangular ubicada en el tejado con unas aberturas verticales por donde cruza el aire del exterior. Cuando el aire caliente del exterior pasa por la torre, absorbe el aire caliente del interior de la vivienda y lo expulsa. Este recurso arquitectónico se usa principalmente en grandes edificios, aunque también es aplicable en construcciones más pequeñas. Donde hay más tradición es en Oriente Medio, puesto que es un invento árabe que se utiliza desde tiempos remotos. Al igual que la chimenea solar, puede que no sea suficiente para conseguir la temperatura de confort necesaria, pero contribuye a refrescar el ambiente con un coste energético cero.

Windcatchers are commonly found on the roofs of traditional buildings in the Middle East.

En los tejados de las construcciones tradicionales de Oriente Medio es habitual encontrar torres de viento.

A modern windcatcher made of gold located in Dubai, where the passive cooling system helps inhabitants to withstand a little better the high temperatures in the area.

Moderna torre de viento hecha con oro ubicada en Dubái, donde este sistema de refrigeración pasivo ayuda a soportar un poco mejor las elevadas temperaturas de la zona.

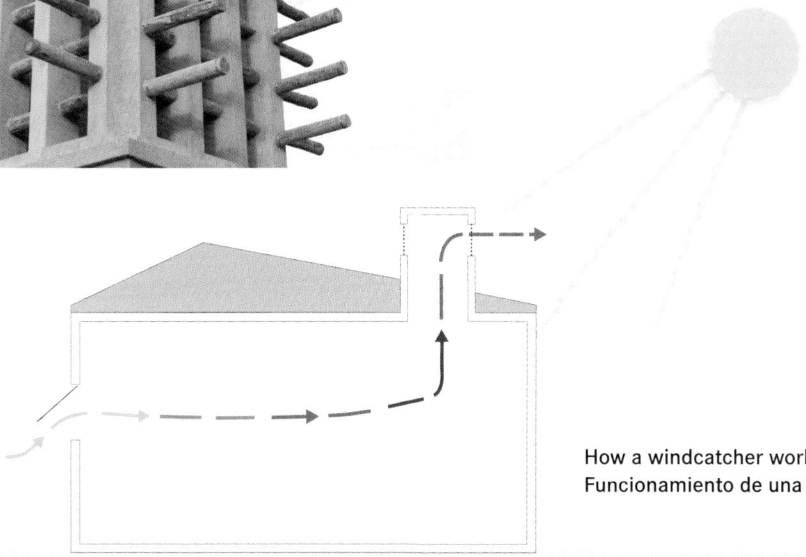

How a windcatcher works
Funcionamiento de una torre de viento

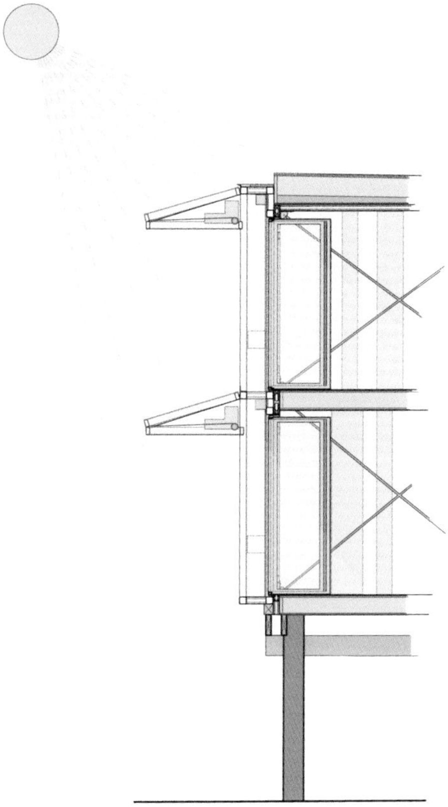

In hot climates, large eaves protect the house from sunlight, to maintain the interior cool. Shutters with air chambers between them and an interior wall also carry out this same function, as do awnings used in the Mediterranean, and an elaborate system of skins used in this house in Chile.

En climas cálidos, el diseño de grandes aleros ofrece protección a la vivienda frente a la radiación solar, de manera que se conserva mejor el fresco en el interior. Esa misma función la pueden ejercer las contraventanas con cámara de aire entre estas y el muro interior, y los toldos, comunes en el Mediterráneo, así como un estudiado sistema de pieles, como en esta vivienda en Chile.

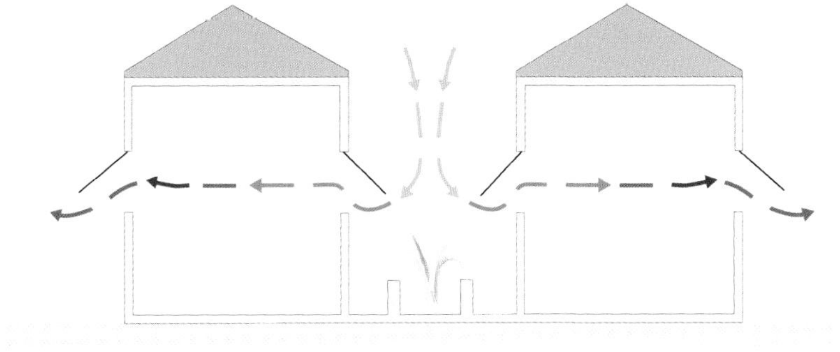

How a courtyard with a fountain helps to cool down the home

Cómo un patio con fuente ayuda a refrescar el hogar

In the traditional architecture of hot areas, **inner courtyards** are typically found. These courtyards provide shade for the interior rooms while allowing light to enter. Their purpose is to help inhabitants to withstand high summer temperatures a little better.
The efficiency of inner courtyards as a natural cooling system considerably increases if they have a water feature (such as a fountain or a small pond or a pool). The reason for this is that water, as it evaporates, requires an amount of heat that it takes from the air, thus producing a cooling effect. It is for this very reason that we cool ourselves by wetting ourselves with water. Traditional buildings in the Middle East and southern Spain use this evaporative cooling system to cool homes. The cooling effect is further enhanced if there is vegetation in the courtyard.

En la arquitectura tradicional de zonas calurosas son muy típicos los **patios interiores**. Estos patios proporcionan sombra a las estancias interiores pero no impiden la entrada de luz. Su razón de ser principal es contribuir a soportar un poco mejor las elevadas temperaturas veraniegas. La eficiencia como sistema natural de refrigeración de los patios interiores aumenta considerablemente si poseen un punto de agua (como una fuente, un pequeño estanque o una charca). El motivo es que el agua, al evaporarse, necesita una cantidad de calor que capta del ambiente, así que lo refresca. Por esta misma razón las personas nos mojamos con agua para combatir el calor.
Las construcciones tradicionales de los países de Oriente Medio y del sur de España utilizan este sistema de enfriamiento por evaporación para refrescar sus viviendas. El efecto de enfriamiento es todavía mayor si hay vegetación en el patio.

A **Trombe wall** is a passive solar collection system that serves for both heating and cooling homes. It consists of a wall built with materials of high thermal inertia and painted black. The wall is located on the façade with the highest exposure to the sun, and has a glass wall placed in front of it. The gap between the glass and the wall creates an air chamber.

In winter, the sun's heat penetrates the glass and is trapped in the air, warming it. When the upper vents of the wall are opened, this hot air enters the house. At the same time, the cool air from the interior leaves through an outlet into to the base of the wall. In summer, the hot air accumulated in the chamber generates a current that draws warm air from inside the house, cooling it. Trombe walls also tend to have a visor added preventing the summer sun, which is higher, hitting the wall directly.

El **muro Trombe** es un sistema pasivo de captación solar que sirve tanto para calentar como para refrescar el hogar. Consiste en un muro construido con materiales de gran inercia térmica y pintado de color negro. El muro se ubica en la fachada que más da el sol, y delante se instala una pared de vidrio. Así, entre el cristal y el muro se crea una cámara de aire.

En invierno, el sol penetra a través del vidrio y se queda atrapado en la cámara de aire, calentándola. Al abrir las aberturas superiores del muro, el aire caliente entra en la casa. Al mismo tiempo, el aire frío del hogar sale por una ranura que se conecta con la parte baja del muro. En verano, el aire caliente acumulado en la cámara genera una corriente que extrae el aire caliente del interior de la vivienda, refrescándola. Además, a los muros Trombe se les suele añadir un alero que impide que el sol de verano (más elevado) dé directamente al muro.

The interior of a Trombe wall under construction, showing the glass wall, the air chamber and the interior wall, which in this case is white instead of black.

En esta imagen de un muro Trombe todavía en fase de construcción se puede apreciar la pared de vidrio, la cámara de aire y el muro interior, que en este caso es de color blanco en lugar de negro.

Concrete is not an eco-friendly material. However, the use of concrete along with heat accumulators such as a Trombe wall can act as a natural source of heat inside the house. Concrete is one of the materials with the highest thermal inertia. The heat that it collects from sunlight during the day is released at night as natural and free heat. Obviously, the more the house faces south, the more heat it will accumulate.

El hormigón no es un material ecológico. Sin embargo, un pavimento con este material junto a acumuladores de calor en forma de muro (muro Trombe) sirve de fuente de calefacción natural para el interior de la vivienda. El hormigón es uno de los materiales con mayor inercia térmica, por lo que todo el calor que acumula por radiación solar durante el día lo puede liberar por la noche en forma de calor natural y gratuito. Evidentemente, cuanto mejor esté orientado al sur, más calor acumulará.

How a Trombe wall works

1. In summer
2. In winter
3. Heat
4. Cold
5. Hatch
6. Wall with high thermal inertia

Funcionamiento de un muro Trombe

1. En verano
2. En invierno
3. Calor
4. Frío
5. Compuerta
6. Muro de gran inercia térmica

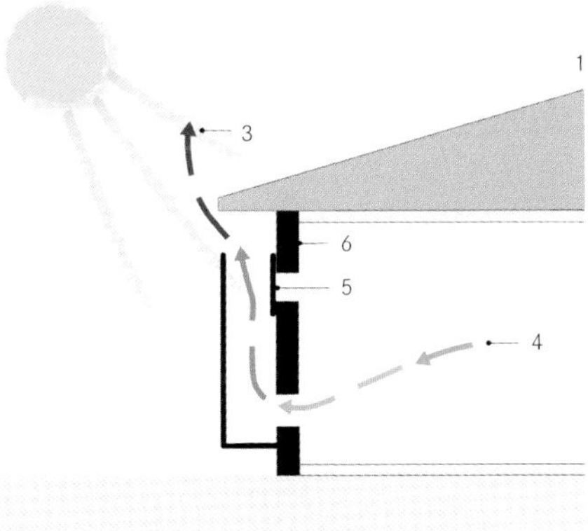

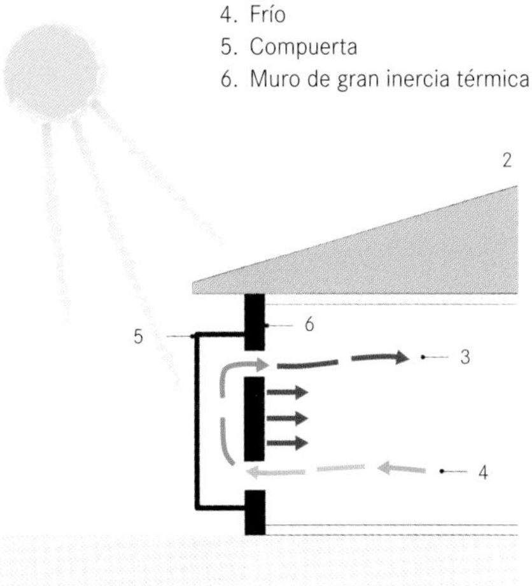

A bio-house must comply with many requirements including **window insulation**, load-bearing walls and roofs, and thermal break. The diagram shows the heat loss from a house without insulation:

Entre las medidas que debe cumplir una vivienda bioclimática se encuentran el **aislamiento de ventanas**, muros de cerramiento y cubierta, y la rotura de puentes térmicos. El diagrama adjunto muestra las pérdidas térmicas de una casa sin aislamiento:

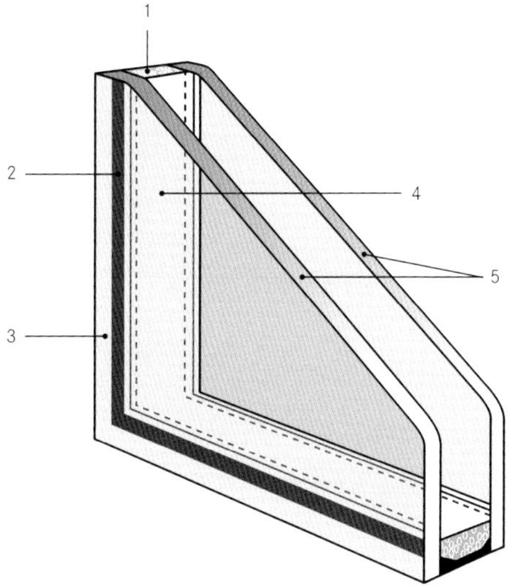

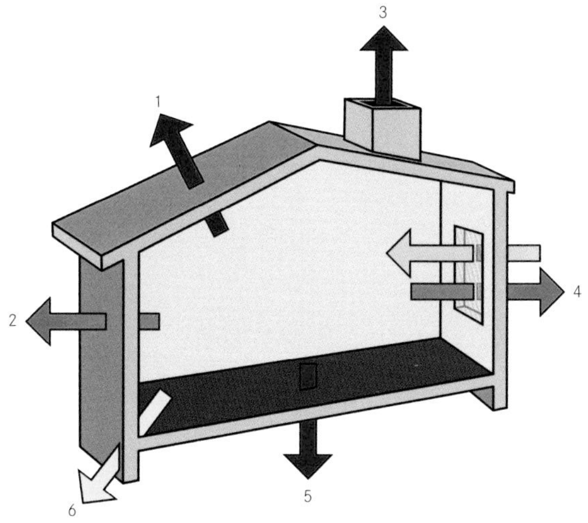

Heat loss

1. Ceiling: 25-30 %
2. Walls: 20-25 %
3. Renewal of air: 20-25 %
4. Windows: 10-15 %
5. Floors: 7-10 %
6. Thermal bridges: 5-10 %

Fugas de calor

1. Techo: 25-30%
2. Paredes: 20-25%
3. Renovación de aire: 20-25%
4. Ventanas: 10-15%
5. Pavimento: 7-10%
6. Puentes térmicos: 5-10%

So that this loss of heat does not occur, the windows should have double or triple glazing, which prevents unwanted heat accumulation or loss as well as blocking out exterior noise. The sketch shows standard double glazing:

1. Molecular sieve absorber
2. Primary sealant (vapor barrier)
3. Secondary sealant
4. Profile separator
5. Glass according to requirements of strength, security and transmission properties

Para evitar las fugas de calor, en las ventanas deberíamos disponer de carpinterías de doble o triple vidrio, que evitan ganancias o pérdidas térmicas indeseadas, aparte de aislarnos del ruido exterior. El esquema de la izquierda presenta un doble vidrio estándar:

1. Tamiz molecular absorbente de humedad
2. Sellador primario (barrera de vapor)
3. Sellador secundario
4 Perfil separador
5. Vidrios según requerimientos de resistencia, seguridad y propiedades de transmisión

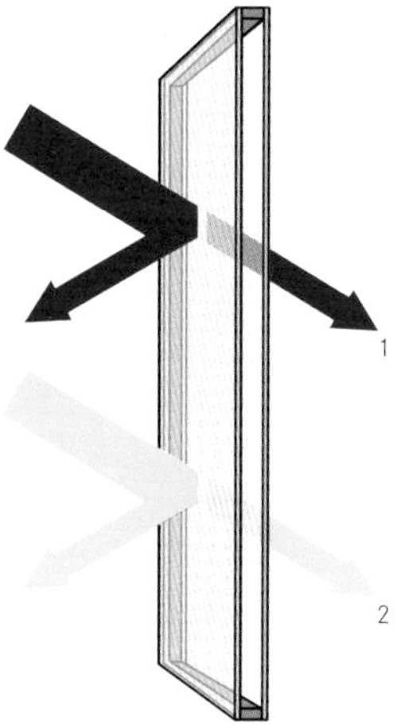

Moreover, the quality of the glass also influences the amount of sunlight that enters the house. Low emission glass (low-E) is ideal for warm climates. It reduces solar gain and allows visible light to pass through the glass into the building. In the example, the reduction percentage is given for this particular case.

1. 39 % of solar gain
2. 70 % light through the glass

Por otro lado, la calidad del vidrio también influye en la cantidad de radiación solar que penetra en la vivienda. Los vidrios de baja emisión térmica (*low-e*) son ideales para climas cálidos porque reducen la ganancia solar transmitida y dejan pasar la luz visible. En el ejemplo ilustrado se indica el porcentaje de reducción para este caso concreto.

1. 39% de ganancia solar
2. 70% de luz a través del vidrio

One of the best investments you can make at home to save energy on HVAC (heating, ventilation and air conditioning) is to properly insulate walls and ceilings. **Insulation** acts as a barrier against hot or cold air from the outside and prevents possible leakages from inside. In fact, insulation is a building's first line of defense against the climate. The amount of energy needed to maintain a home at comfort temperature depends largely on its level of insulation. A poorly insulated home consumes more energy because, in winter, it cools quickly and heat leakages occur, while in summer it reaches high temperature and heats up quicker.
By insulating your house well, you can save energy and cut costs by up to 30 %, both in heating and air conditioning. It is calculated that the initial investment can be recouped in five years or less.
Most new houses come with a built-in layer of insulation, but the same is not true for many older buildings. Some authorities grant subsidies for the energetic rehabilitation of buildings.

Una de las mejores inversiones que se pueden hacer en la vivienda para ahorrar energía en climatización es aislar bien las paredes y los techos. El **aislamiento** actúa de barrera tanto del aire caliente o frío indeseado del exterior como de posibles fugas del interior de la vivienda. De hecho, el aislamiento es la principal defensa climática de una construcción.
La cantidad de energía necesaria para mantener una vivienda a la temperatura de confort depende, en buena medida, de su nivel de aislamiento térmico. Una casa mal aislada consume más energía porque en invierno se enfría rápidamente y se producen fugas de calor, mientras que en verano se calienta más y en menos tiempo.
Con un buen asilamiento se pueden conseguir ahorros energéticos y económicos de hasta un 30%, tanto en calefacción como en aire acondicionado, y se calcula que en cinco años o menos se puede amortizar la inversión inicial.
La mayoría de las viviendas de nueva construcción ya llevan incorporada una capa aislante, pero no así muchas de las viejas edificaciones. Algunas administraciones públicas poseen líneas de ayuda para la rehabilitación energética de edificios.

The outer shell of a building is where it loses or gains heat if not well insulated. For this reason, attics or rooms in the roof tend to be the coldest in winter and the warmest in summer.

Por la cubierta exterior de un edificio es por donde se pierde o gana más calor, si no está bien aislada. Por este motivo los áticos o las estancias ubicadas bajo cubierta suelen ser las más frías en invierno y las más calurosas en verano.

When choosing **insulation for curtain walls**, we should opt for natural and biodegradable insulation that regulates both thermal comfort and water comfort. The most recommended forms of insulation are cork, hemp, coconut fiber, clay, straw, lime, expanded recycled paper, natural wool, shavings and expanded clay, perlite and vermiculite (feldspars and expanded rocks) if they are well sealed. Synthetic insulation such as rock wool, glass wool, extruded polystyrene and polyurethane, should not be used as they require more energy to be produced and are pollutants.
Below, we explain the most important types of natural insulation (the lower the K-value for a material, the better it insulates).

En el momento de escoger el **aislamiento para los muros de cerramiento**, deberíamos optar por un aislante natural y biodegradable, que regule a la vez el confort térmico y el hídrico. Los más aconsejables son el corcho, el cáñamo, la fibra de coco, el barro, la paja, la cal, el papel reciclado expandido, la lana natural, la fibra de madera, la arlita (arcilla expandida), la perlita y la vermiculita (feldespatos y rocas expandidas) si están bien selladas. Se deben evitar los aislamientos sintéticos de lana de roca, lana de vidrio, poliestireno extruido y poliuretano, que necesitan más energía para ser fabricados y son más contaminantes.
A continuación, detallamos los aislantes naturales más importantes (a mayor coeficiente K, menor aislamiento).

Cork chips are used to fill cavities, as pressed cork panels, to be used in roofs or to cover surfaces. It is extracted from the bark of the cork oak. K-value: 0.045 W/(m·K).

El **corcho** se comercializa en forma de virutas para rellenar cavidades o de paneles de corcho prensado para integrarlo en cubiertas o como revestimiento de superficies. Se obtiene de la corteza de los alcornoques y su coeficiente K es de 0,045 W/(m·K).

Hemp is a natural fiber that grows rapidly and is easily cultivated. It is used to make natural and breathable insulation blankets. K-value: 0.041 W/(m·K).

El **cáñamo** es una fibra vegetal de crecimiento rápido y fácil cultivo con la que se elaboran mantas aislantes, naturales y transpirables. Tiene un coeficiente K de 0,041 W/(m·K).

Wood fiber panels usually are made from waste from processing wood or small branches, therefore its use is compatible with sustainable forest management (FSC or equivalent). The light, porous wood fiber boards can be used in partitions, façades, roofs and floors. Panels are sold with thick resinous wood fibers chipboard with plaster or white cement or light panels with tiny fibers. Both have the same K-value: 0.05 W/(m·K).

Los paneles de **fibra de madera** suelen aprovechar residuos del procesamiento de la madera o pequeñas ramas, por lo que su uso es compatible con una gestión forestal sostenible (FSC o similar). Se comercializan paneles con fibras gruesas de madera resinosa aglomeradas con yeso o cemento blanco o paneles ligeros de pequeñas fibras. Ambos tienen el mismo coeficiente K: 0,05 W/ (m·K). Los tableros ligeros y porosos de fibra de madera pueden utilizarse en tabiques, fachadas, cubiertas y forjados.

The insulation properties of **wool** improve when wet. If you have a local supplier and manufacturer, it is a good option. K-value: 0.04 W/(m·K).

La **lana de oveja** mejora su capacidad de aislamiento cuando se humedece. Es una buena opción si se puede encontrar un proveedor y fabricante local. Su coeficiente K es de 0,04 W/(m·K).

Cellulose insulation is made up of waste paper and is used to insulate air chambers. Although it needs to be treated with chemicals to prevent mold and protect it from fire, it has excellent insulation properties, it is lightweight and requires little energy to manufacture. Used loose, its K-value is 0.042 W/(m·K), when injected with a hose, its K-value is 0.039 W/(m·K).

El aislante de **celulosa** está formado por residuos de papel y se emplea en el aislamiento de cámaras de aire. Aunque requiere ser tratada con sustancias químicas para evitar el moho y protegerla del fuego, tiene muy buenas propiedades aislantes, es ligera y requiere poca energía para su fabricación. Se utiliza suelta, con un coeficiente K de 0,042 W/ (m·K), o inyectada con manguera, en cuyo caso el coeficiente K es 0,039 W/(m·K).

Finally, it should be noted that **straw**, a material known for its insulating capacity and thermal comfort, can be used in the form of straw panels and plaster for indoors.

Por último, hay que indicar que la **paja**, un material conocido por su capacidad de aislamiento y confort térmicos, se puede encontrar como aislamiento en forma de panel manufacturado de paja y yeso para interiores.

The ideal temperature for rooms is between 16 and 18 °C. For every degree over 18 °C between 251 and 502 lbs of CO_2 is emitted. Following passive systems, **underfloor heating** is one of the more environmentally friendly ways to heat or cool a house. This feature consists of a grid of cross-linked polyethylene pipes that distribute the heat or cold and a distribution header. It is a type of "invisible" heating that generates less airborne dust and provides a stable temperature. Its critics suggest that if used in summer, it can give the feeling of cold feet and hot head. A radiant heating system can also be used in the ceiling or walls in the form of panels. It is less common, but there are companies such as Runtal that sells models like the one in the image. Both systems are fed with hot water and can be heated by a solar thermal installation. Electric underfloor heating is not advisable, as it breaks down easier and consumes more energy.

Para las habitaciones, la temperatura idónea se encuentra entre 16 y 18 °C. Por cada grado más se emiten entre 114 y 228 kg de CO_2. Después de los sistemas pasivos, un **suelo radiante** sería una de las maneras más ecológicas de calentar o enfriar la vivienda. Esta instalación está formada por una malla de tubo de polietileno reticulado que distribuye el calor o el frío y un colector de distribución. Es un tipo de calefacción «invisible» que genera menos polvo en suspensión y ofrece una temperatura estable. Sus detractores indican que si se usa en verano, puede dar la sensación de pies fríos y cabeza caliente. Los suelos radiantes eléctricos no son aconsejables, ya que presentan más averías y consumen más. El sistema del suelo radiante también puede emplearse en el techo o en la pared, mediante paneles radiantes. Es una opción menos utilizada, pero hay empresas como Runtal que comercializan modelos como el que muestra la imagen. Ambos sistemas se alimentan con agua caliente sanitaria que puede ser calentada por una instalación solar térmica.

Another ecological way to heat your home–without using non-renewable sources such as gas or oil, or renewable sources such as firewood–is to use a **pellet stove**. The first domestic stoves of this type appeared in the United States and also have been used in residential complexes, proving successful in Sweden, Germany, Austria and France. Pellets are a 100 % biodegradable material obtained from recycling of chips, splinters or sawdust from the agro industry. These waste products undergo a process of crushing, drying and pressing which results in flammable sticks. Pellets have a calorific value of approximately 4500 kcal per kilo. To produce about 1800 kWh, it will take about 793 lbs of pellets. If using another type of biomass such as wood chips, the calorific efficiency is lower.

Otra forma de calentar el hogar de una manera más ecológica –sin usar fuentes no renovables como el gas o el gasóleo, o renovables como la leña– es mediante el uso de una **estufa de *pellets***. Las primeras estufas domésticas de este tipo aparecieron en Estados Unidos, y se usan con éxito en Suecia, Alemania, Austria y Francia. El *pellet* es un material 100% biodegradable obtenido del reciclaje de virutas, astillas o serrín procedentes de la industria agroforestal. Estos residuos se someten a un proceso de trituración, secado y prensado que da como resultado unos bastoncitos brillantes. Los *pellets* tienen un poder calorífico de unas 4.500 kcal por kilo. Para producir unos 1.800 kWh, se necesitan unos 360 kg de *pellets*. Si se usa otro tipo de biomasa, como las astillas de madera, la eficiencia calorífica es menor.

Heat pumps use energy to extract heat from outside air and transfer it inside. In terms of efficiency, it is one of the best systems, for each kWh consumed 2.5 to 3 kW in hot or cold air is released. The machines with inverter technology are especially efficient, as they have an electronic control reducing power consumption by more than 30 %. Make sure you choose a machine with energy efficiency class A and your home is well insulated. However, heat pumps are not suitable for extremely cold climates, as they are less effective.

Las **bombas de calor** utilizan energía para extraer calor del aire que captan en el exterior y cederlo al interior. En términos de eficiencia, son uno de los sistemas con mejor rendimiento, ya que por cada kWh que consumen ceden de 2,5 a 3 kW en calor o frío. Son especialmente eficientes las máquinas con tecnología Inverter, que tienen un control electrónico de la potencia que reduce su consumo en más de un 30%. Conviene asegurarse de que la máquina tenga la clase de eficiencia energética A y que la vivienda esté bien aislada. Sin embargo, las bombas de calor no son adecuadas para climas extremadamente fríos, puesto que pierden eficiencia.

Home automation control systems adjust the temperature of a home according to the variation in the outside temperature, the time of day, the area of the house or the presence of people.
The intelligent automatic control of awnings, blinds and curtains allows or prevents passive solar gain according to the thermal requirements of each season. The system also alerts us if it detects any inefficiency in the opening or closing of windows.

Los sistemas de regulación domótica de la calefacción adaptan la temperatura de la vivienda en función de la variación de la temperatura exterior, la hora del día, la zona de la casa o la presencia de personas.
El control automático inteligente de toldos, persianas y cortinas de la vivienda permite que se aproveche o se evite la ganancia solar pasiva según las necesidades térmicas de cada estación. El sistema también nos avisa si detecta alguna apertura o cierre de ventanas ineficiente.

Just as underfloor heating, **water radiators** use water as heating fluid. They have been used for many years; therefore companies have tried to improve their efficiency in recent years. One example are the Jaga Low-H_2O radiators, by the company Jaga, who consume 12 % less energy. Such devices can be powered by a heat pump, a solar thermal installation or by condensing boilers. Some models come equipped with a wood casing, as shown in the picture. Jaga models may be accompanied by a manual or automatic ventilation system. This ventilation system is integrated into the Low-H_2O consumption radiator and maintains rooms cool at night. This ventilation device is powered by electricity.

Igual que el suelo radiante, los **radiadores de agua** también emplean el agua como fluido calefactor. Tienen una larga historia a sus espaldas, por lo que las empresas han tratado de mejorar su eficiencia en los últimos años. Un ejemplo de ello son los radiadores Jaga Low-H_2O, de la empresa Jaga, que consumen un 12% menos de energía. Este tipo de dispositivos pueden ser alimentados por una bomba de calor, por una instalación de energía solar térmica o bien por calderas de condensación. Algunos modelos vienen equipados con una carcasa de madera, como el de la imagen. Los modelos Jaga pueden ir acompañados de un sistema de ventilación manual o automático. Este sistema de ventilación está integrado dentro del radiador de bajo consumo de agua Low-H_2O y permite refrescar la estancia por la noche. Este dispositivo de ventilación funciona con electricidad.

Chimneys have a vent measuring 3.14 inches in diameter. The fire is controlled by an electronic thermostat. The ashes generated during combustion can be used as a fertilizer for plants. Its maintenance is easy: periodically removing ash and cleaning the burner once a year. The accumulation of pellets at home is not dangerous nor do they produce unpleasant odors. The installation price is between 5,400 and the 9,800 euros. The economic advantage relative to an oil stove, which is much more polluting, is that the price of pellets is very stable.
Home Energy International sells a pellet stove that can be installed in the boiler room, garage or basement. It occupies approximately 160 ft^2, but requires additional space for the renewal of air and to store pellets. Pellets can be fed mechanically or manually. As a heat source it can be used for underfloor heating, heating water and rooms via conventional radiators.

Las **chimeneas** tienen un tubo para la salida de humos de solo 8 cm de diámetro. El encendido y apagado del fuego está controlado por un termostato electrónico. Las cenizas que se generan en la combustión pueden emplearse como abono para las plantas. Su mantenimiento es fácil, basta con retirar periódicamente las cenizas y limpiar el quemador una vez al año. La acumulación de *pellets* en casa no es peligrosa ni conlleva olores desagradables. El precio de la instalación se encuentra entre los 5.400 y los 9.800 euros. La ventaja económica en relación con una estufa de gasóleo, mucho más contaminante, es que el precio del *pellet* es muy estable.
Home Energy International comercializa una estufa de *pellets* que se puede colocar en la sala de caldera, en el garaje o en el sótano. Ocupa aproximadamente 1,5 m^2, pero necesita espacio adicional para la renovación del aire y para almacenar los *pellets*. Los *pellets* pueden introducirse de manera mecánica o manual. Como fuente calorífica puede servir para suelo radiante, calentamiento de agua sanitaria y calefacción de habitaciones mediante radiadores convencionales.

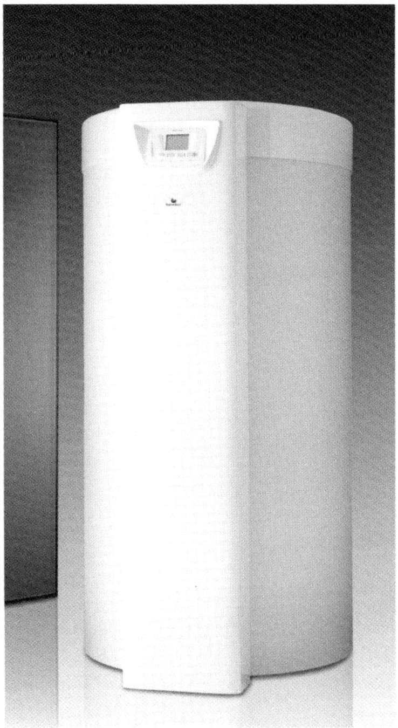

These **boilers** burn fuel to heat a fluid (water) which then distributes this heat. If the fuel is gas, a gas boiler produces about twice as much CO_2 than electricity.
In the case of choosing a gas boiler, select a condensing boiler, which can represent a 40 % saving in CO_2 emissions over the conventional boilers, which use the heat and gas combustion itself, so they reach an efficiency of 98 %. The most efficient systems are those that have individual temperature control in each room, or the temperature for different times of day can be programmed. The use of thermostatic valves in each hot spot will control the temperature automatically.

The Saunier Duval Helioset boiler supplies hot water to the circuit of the house. The models consist of a collector and a reservoir (40 or 66 gallons). They both incorporate an automatic drain system, which prevents frost and the overheating of the solar fluid.
The performance of a geothermal heat pump can be 50 % better than in the air-air heat pump cooling systems. With damp clay soils, the heat transfer is better than with sandy or dry soils. These pumps feed the underfloor heating (heating + cooling) and hot water system (DHW). In heating, savings can amount to 75 %, and in cooling, more than 80 %.

En las **calderas** se quema un combustible para calentar un fluido (agua) que después distribuye ese calor. Si ese combustible es el gas, deberíamos saber que la caldera de gas produce aproximadamente el doble de CO_2 que las eléctricas.
En el caso de decantarnos por una de gas, optaremos por las calderas de condensación, que pueden representar un ahorro en emisión de CO_2 del 40% respecto a las convencionales, y que aprovechan el calor de los gases de la propia combustión, por lo que alcanzan una eficiencia del 98%. Los sistemas más eficientes son los que permiten regular la temperatura individual de cada habitación, o programar la temperatura para diferentes momentos del día. El uso de válvulas termostáticas en cada punto de calor permitirá controlar la temperatura automáticamente.

La caldera Helioset de Saunier Duval, asociada a una instalación solar térmica, alimenta el circuito de agua caliente sanitaria de la vivienda. Los modelos constan de un captador y un depósito (150 o 250 L). Ambos incorporan un sistema de drenaje automático que evita las heladas y el sobrecalentamiento del fluido solar.
El rendimiento de la bomba de calor geotérmico puede ser un 50% mejor que los sistemas de refrigeración por bomba de calor aire-aire. Con suelos arcillosos o húmedos la transferencia de calor es mejor que con suelos arenosos o secos. Estos bombas alimentan un suelo radiante (calefacción + refrigeración), así como el sistema de agua caliente sanitaria. En calefacción el ahorro puede ser del 75% y en refrigeración, de más del 80%.

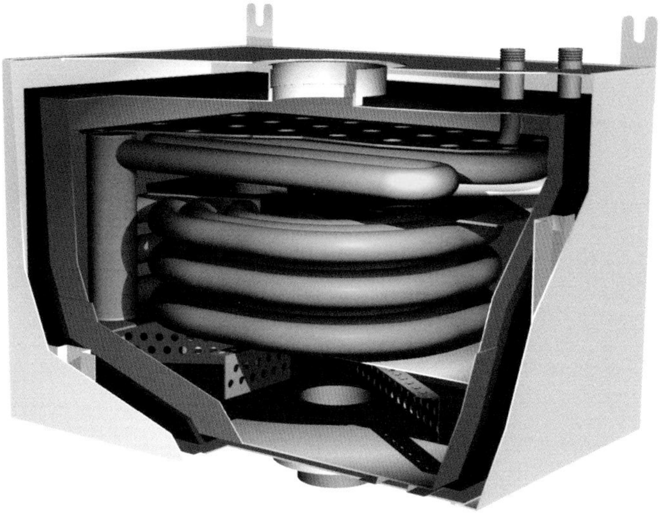

If cross ventilation is not enough, **fans** are always a better option than air conditioning. These smaller devices consume less energy and do not require chemical coolants. The Turbo Air 3200, manufactured in Canada, is two to three times more efficient than other conventional fans. According to the producer, its consumption is less than a 100 watt incandescent bulb. It has three speeds and is noiseless. The revolutionary design that enhances the Venturi effect distributes air and envelops the user, so to speak. It can also be fitted to the wall.

En caso de que con la ventilación cruzada no sea suficiente, los **ventiladores** son una opción mejor que el aire acondicionado. Se trata de aparatos más pequeños, que consumen menos energía y no requieren de fluidos refrigerantes con productos químicos. La particularidad del Turbo Aire 3200, fabricado en Canadá, es su eficiencia: de dos a tres veces superior a otros ventiladores convencionales. Según el productor, su consumo es menor que el de una bombilla incandescente de 100 vatios. Dispone de tres velocidades y es silencioso. Mediante un diseño revolucionario que potencia el efecto Venturi, el aire se distribuye como si envolviese al usuario. También se puede instalar en la pared.

The most efficient gas boilers are **combi boilers**, which heat water on demand so you do not have to heat the entire tank of water. It is also advisable to properly insulate pipes where the water is distributed so to reduce loss in heat.
The image shows the Zenex device that is placed on the top part of the combi boiler, which extracts residual energy from the gases and preheats the cold water supply. The price of this device is about 640 euros plus installation costs. Up to 1,320 gallons of water can be saved, while gas consumption is reduced by 11 %. The reduction of CO_2 emissions from the house amounts to approximately one tonne per year.

Las calderas de gas más eficientes son las **calderas combi**, que permiten calentar el agua según demanda sin tener que calentar todo el tanque de agua. Es aconsejable aislar debidamente las tuberías por donde se distribuye el agua con el fin de reducir las pérdidas caloríficas.
En la imagen se muestra el dispositivo Zenex, que se coloca en la parte superior de la caldera combi, el cual extrae energía residual de los gases y precalienta el alimentador de agua fría. El precio de este dispositivo es de unos 830 dólares, más los gastos de instalación. El ahorro de agua es de 5.000 L, mientras que el consumo de gas se reduce en un 11%. La reducción de emisiones de CO_2 de la vivienda es de aproximadamente una tonelada al año.

How to save water

Drinking water is only guaranteed for 67 % of the world population and some 20 % do not even have access to this resource. However, the use of rainwater or greywater purification (washing machine, kitchen and shower) is not covered in any construction regulations, even in Mediterranean countries where this resource is scarce. A system for collecting rainwater should be planned in the design phase, as it requires the installation of a separate collection network for the bath, shower and sink drainpipes.

Cómo ahorrar agua

El agua potable está garantizada solo para un 67% de la población mundial y un 20% ni siquiera tiene acceso a este recurso. Sin embargo, el aprovechamiento del agua de la lluvia o la depuración de aguas grises (lavadora, cocina y ducha) no se contempla en algunas normativas de edificación, ni siquiera en países mediterráneos donde este recurso escasea. Un sistema de reutilización de aguas debería ser proyectado en la fase de diseño, ya que necesita de la instalación de una red separada de la recogida de bajantes de la bañera, el plato de ducha y el lavamanos.

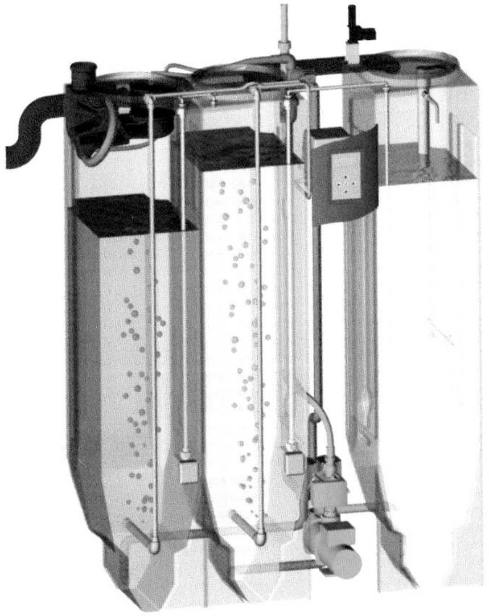

Hansgrohe sells Pontos AquaCycle systems, which processes greywater from the shower and bath through a mechanical and biological process in which clean water is produced that can be reused for the toilet, laundry, household cleaning or watering the garden. This system will halve the consumption of drinking water but it needs to be separated from the sewage network, which is the toilet water that is sent directly to the sewer. The simplest system (AquaCycle 900) is composed of three 80-gallon tanks. After a pre-filtration process, water is subjected to a double biological treatment and then to a UV disinfection. The energy consumption is 1 or 2 kW per cubic meter. The result is recycled clear water that meets the EU directive on bathing water.

Hansgrohe comercializa el sistema Pontos AquaCycle, que procesa las aguas grises de la ducha y la bañera mediante un proceso mecánico y biológico del cual se obtiene agua limpia que puede reutilizarse para la cisterna del inodoro, la colada, la limpieza del hogar o el riego del jardín. Este sistema permite reducir a la mitad el consumo de agua potable, pero necesita estar separado de la red de aguas negras, que son las aguas del inodoro que se envían directamente a la red de alcantarillado. El sistema más sencillo (AquaCycle 900) está compuesto por tres cisternas de 300 L cada una. Después de un proceso de prefiltración, el agua se somete a un tratamiento biológico doble y, a continuación, a una desinfección por rayos UV. El consumo energético es de 1 o 2 kW por metro cúbico. Como resultado, tenemos aguas claras recicladas que cumplen con la directiva UE sobre aguas de baño.

The diagram shows the **greywater** separation network for Kyoto House by Pich-Aguilera Arquitectos, from the washing machine, shower and sink.

El esquema muestra la red de separación de las **aguas grises** en la Casa Kyoto de Pich-Aguilera, procedentes de la lavadora, la ducha y el lavamanos.

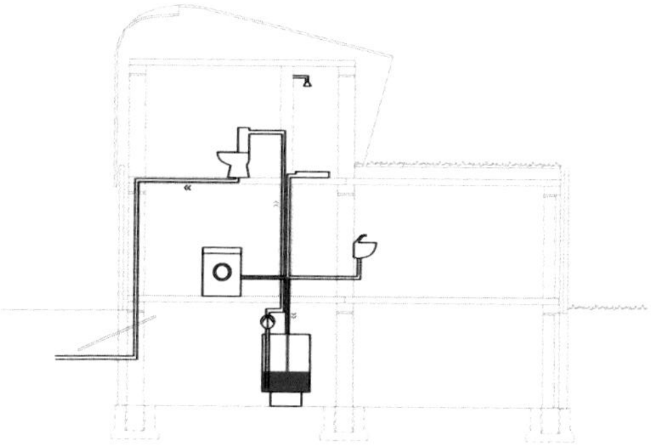

The image shows a **rainwater** tank by Graf, which collects and stores rain water that can be used for the toilet, washing machine and to water the garden. If the house has a roof garden, this garden stores between 50 % and 90 % of the rainwater that will gradually yield to evapotranspiration, while the remainder could be collected to be reused. The diagram represents the rainwater collection system; the picture in the next page shows the collection room for this water. The installation price is between 2,150 and 3,250 euros, and the payback period, depending on the price of water in each country is 10-15 years. Water savings can amount to 30-45 %.

La ilustración muestra un tanque de recogida de **aguas pluviales** de Graf, que sirve para el inodoro y la lavadora y para regar el jardín. En caso de que la vivienda disponga de cubierta ajardinada, esta almacena entre el 50% y el 90% del agua de la lluvia y la cede gradualmente por evapotranspiración, mientras que la parte restante podría ser recogida para usos posteriores. El esquema corresponde al sistema de recogida de las aguas pluviales; la imagen de la página siguiente muestra la sala con los depósitos. El precio de la instalación se sitúa entre 2.150 y 3.250 euros, y el periodo de retorno es de 10-15 años, en función del precio del agua de cada país. El ahorro de agua potable puede ser del 30-45%.

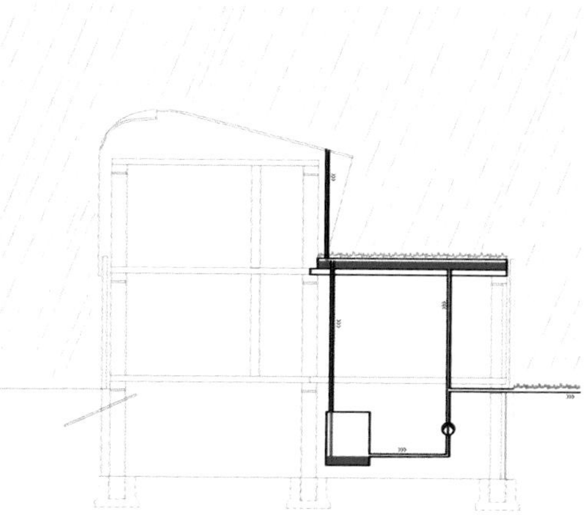

Natural **wastewater treatment** systems use and optimize a series of processes that occur naturally in the environment. They operate in a similar way to the process of digestion. The bars of the uptake act as the teeth, preventing the passage of thick materials. The pipes, like saliva, cause the different materials to mix. The septic tank and the deepest part of the pond are like the stomach: the compounds in the water are decomposed by anaerobic digestion. The decomposition takes place in the upper part of the pond, an area that acts like the pancreas, where the nutrients are stabilized. The gravel and roots filter acts like the liver: the roots deliver oxygen to the bacteria that live on the gravel and extract the nutrients that the bacteria have just decomposed. Finally, the vegetation lining the pond is like the intestine. Here, disinfection takes place thanks to the sun's ultraviolet rays.

Los sistemas naturales de **tratamiento de aguas residuales** utilizan y maximizan una serie de procesos que se dan de forma natural en el medio. Su funcionamiento es comparable al del proceso digestivo. Las rejas del debastador actúan como los dientes, impidiendo el paso de materiales gruesos. La tubería, como la saliva, hace que se mezclen los distintos materiales. La fosa séptica y la parte más profunda del estanque vienen a ser como el estómago: los compuestos contenidos en el agua son descompuestos por digestión anaeróbica. La descomposición se completa en la parte superior del estanque, zona que actúa como el páncreas, donde se estabilizan los nutrientes. El filtro de gravas y de raíces actúa como el hígado: las raíces suministran oxígeno a las bacterias que viven sobre la grava y extraen los nutrientes que estas acaban de descomponer. Finalmente, la vegetación del margen del estanque viene a ser el intestino. Aquí tiene lugar la desinfección gracias a los rayos ultravioleta del sol.

How a pond for treating wastewater works

1. Dirty water
2. Septic tank
3. Vegetation
4. Pond
5. Gravel filter
6. Purified water

Funcionamiento de un estanque para depurar aguas residuales

1. Agua sucia
2. Fosa séptica
3. Vegetación
4. Estanque
5. Filtro de grava
6. Agua depurada

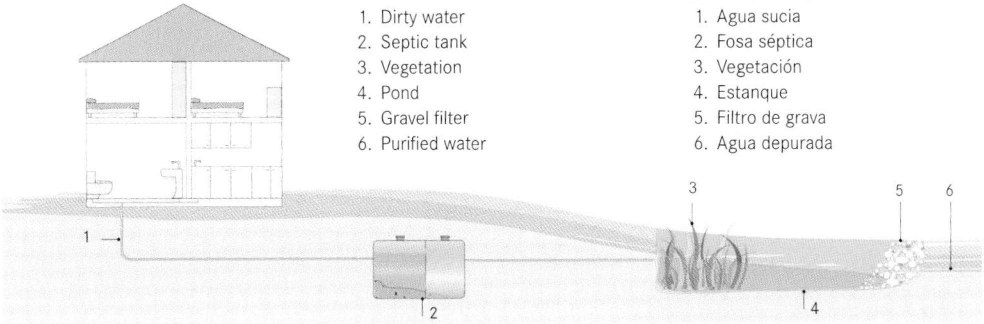

The different materials are mixed in the section of the piping that runs from the house to the septic tank.
The roots in the filtration area are responsible for delivering oxygen to the bacteria that live on gravel and for extracting the nutrients that the bacteria have just decomposed.

En el tramo de tubería que va de la vivienda a la fosa séptica es donde se mezclan los distintos materiales.
Las raíces de la zona del filtro son las encargadas de suministrar oxígeno a las bacterias que viven sobre la grava y de extraer los nutrientes que estas acaban de descomponer.

These systems naturally purify wastewater without consuming any energy. The only downsides are the initial investment (the system can cost between 5,000 and 7,000 euros) and the space needed (around 64.5 square feet per capita). The great advantage is that the cost is very similar whether the system is designed to serve a single house or an entire residential community.

In return, you obtain water that is ideal for irrigation because it contains many nutrients, although some laws prohibit its use for watering. The vegetation in the pond area can be used as feed or for composting. Moreover, when mixed with straw the sludge can be used as fertilizer.

A low amount of maintenance is required. Once or twice a year, you have to remove the pond plants and plants floating in the pond; every two to three years you must remove the bacterial sludge that accumulates in the septic tank; every ten years you must remove the sludge in the pond.

Estos sistemas depuran las aguas residuales de un modo natural y sin coste energético alguno. Los únicos inconvenientes son la inversión inicial –el conjunto puede costar entre 4.000 y 5.000 euros– y la superficie necesaria –unos seis metros cuadrados por habitante. La gran ventaja es que el coste es muy similar tanto si se trata de un sistema para dar servicio a una sola vivienda como si es para una urbanización.

Como retorno, se obtiene un agua ideal para el riego porque contiene muchos nutrientes, aunque ciertas legislaciones prohíben regar con ella. La vegetación de la zona del estanque puede ser usada como forraje o para hacer compost. Además, los fangos mezclados con paja pueden servir como abono.

El mantenimiento requerido es escaso. Una o dos veces al año se han de extraer las plantas marginales y flotantes del estanque, cada dos o tres años deben extraerse los fangos bacterianos que se acumulan en la fosa séptica y, cada diez, los del estanque.

Images of a newly constructed wastewater treatment pond and a pond up and running.
Imágenes de un estanque para depurar aguas residuales acabado de construir y de un estanque ya en funcionamiento.

Lighting systems

Before deciding on the most respectful lighting system, we should ask ourselves whether or not everything possible has been done to maximize the natural light that reaches the site in the design phase of house. We recommend that rooms where you spend most of the day face the sun, and if you need non-structural partitions, use glass block walls that let light through.

Sistemas de iluminación

Antes de decidir qué sistema de iluminación es el más respetuoso, nos deberíamos preguntar si, ya desde la fase de diseño de la vivienda, se ha hecho lo posible para aprovechar al máximo la luz natural que llega al emplazamiento. Para ello se aconseja orientar hacia el sol las habitaciones donde se pasa más tiempo durante el día, y en caso de necesitar proyectar tabiques que no sean estructurales, usar paredes de pavés que dejen pasar la luz es una buena opción.

Lighting represents, on average, 18 % of the total electricity consumption of a home. This is a quite a high amount, but it can be easily reduced.
Spending less on lighting starts with designing the building with this aim in mind. By just adjusting the orientation of the house and, hence, its direction with respect to the sun can generate significant savings. The first thing is to build the house with the main façade on the side receiving a greater number of hours of sunshine (the south side in the Northern Hemisphere, the north side in the Southern Hemisphere). It is also a good idea to locate the most frequently used rooms, such as the living room, on this side of the house.
La Bonne Maison in Boutigny-Prouais, France is an example of a house with optimum solar orientation: some 72 % of natural light enters through the south façade.

La **iluminación** representa, de media, el 18% del total del consumo de electricidad de un hogar. Se trata de una cifra nada despreciable, pero se puede reducir fácilmente.
Gastar menos en luz empieza con el diseño mismo del edificio. Jugando con la orientación de la vivienda se pueden conseguir importantes ahorros. El primer punto es construir la casa con la fachada principal mirando hacia el punto que reciba más horas de sol (el sur en el hemisferio norte, el norte en el hemisferio sur). Además, es conveniente que las estancias de mayor uso, como la sala de estar, estén ubicadas en este lado de la casa.
La Bonne Maison de Boutigny-Prouais (Francia) es un ejemplo de vivienda con una orientación solar óptima: el 72% de la luz natural entra por su fachada sur.

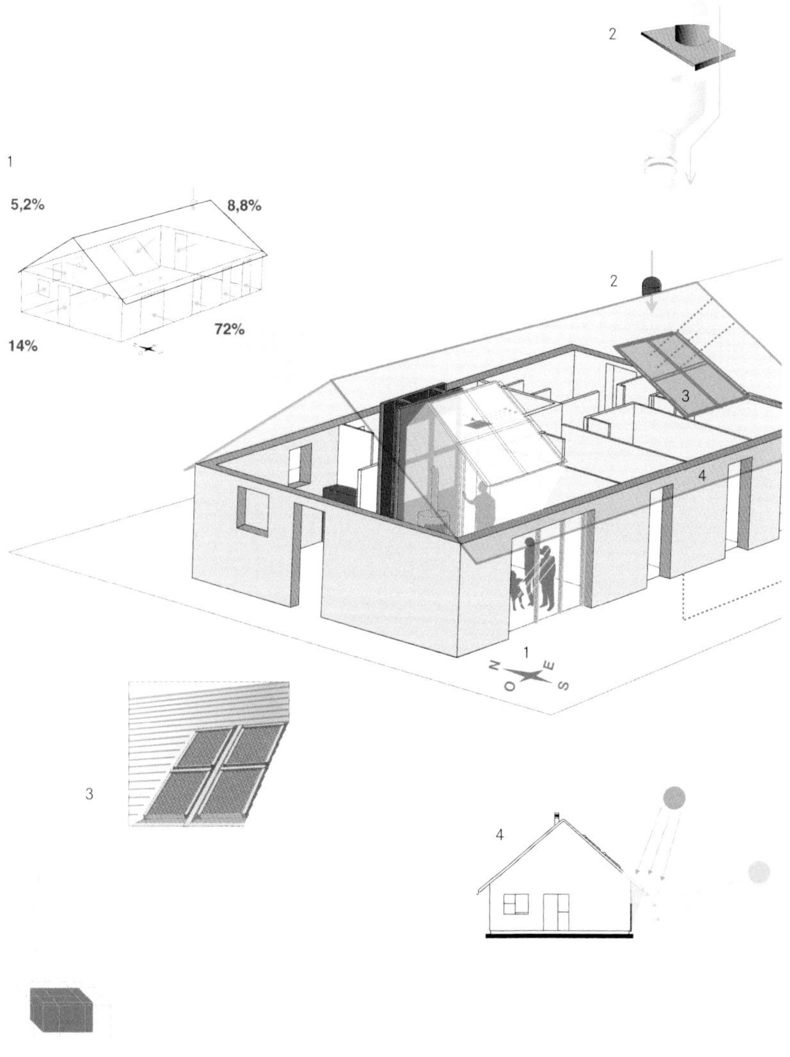

1. Orientation of the windows towards natural light. The orientation of the house has been optimized for the reception of sunlight. 5.2 % of daylight harvested through the northern façade; 8.8 % through the eastern façade; 72 % through the southern façade; and 14 % through the western façade.
2. Solar focus. This system consists of redirecting the natural light to the interior of the house.
3. Heating and hot water powered by thermal panels. Hot water is obtained through the thermal solar panels on the roof. This system provides 62 % of the hot water.
4. Orientation of the roof. The angle of the roof ensures that the sun's rays penetrate the interior of the house in winter. The greater slant of the sun's rays in summer means that they do not bear down directly on top of the house.

1. Orientación de la las ventanas hacia la luz natural. La orientación de la casa ha optimizado la recepción de luz solar: 5,2% de claridad a través de la fachada norte; 8,8% de claridad a través de la fachada este; 72% de claridad en la fachada sur y 14% de claridad en la fachada oeste.
2. Foco solar. Este sistema consiste en redirigir la luz natural al interior de la vivienda.
3. Calefacción y agua caliente por paneles térmicos. El agua caliente se consigue por medio de los paneles solares térmicos del tejado. Este sistema asegura el 62% del agua caliente.
4. Orientación del tejado. El ángulo de la cubierta consigue que los rayos del sol penetren en el interior de la casa en invierno. La mayor inclinación de los rayos en verano hace que estos no incidan tan directamente sobre la casa.

Another factor that helps lower lighting costs is the color of walls and ceilings. Lighter colors give a greater feeling of light. However, to save money, the most important factor is people's habits. Actions such as raising the blinds in the morning and not leaving lights on when the rooms are not being used can lead to savings of up to 20 %.

Otro factor que contribuye a reducir el gasto en iluminación es el color de las paredes y los techos. Los colores claros, especialmente el blanco, reflejan la luz. Por ello se aconseja pintar paredes y techos con esta gama de colores. Sin embargo, en cuestión de ahorro, el aspecto más importante son los hábitos de las personas. Acciones como levantar las persianas por la mañana y no dejar encendidas luces que no se estén utilizando pueden suponer un ahorro de hasta el 20%.

For rooms of the house facing north or blocked from the sunlight by perennial trees or large shrubs, there are other solutions on the market. One of the most ingenious is the **solar tube**. This is a system that collects the sunlight that hits the surface of the roof through a porthole, and redirects it through an articulated and reflective tube to the ceiling of the rooms where light is required.
The solar tube is particularly suitable for hallways, bathrooms and corridors, but not for bedrooms because as long as there is sun there will be light.

Para los puntos de la casa que reciben menos horas de sol o que están protegidos de la luz solar por especies perennes (árboles o arbustos de gran tamaño), hay otras soluciones en el mercado. Una de las opciones más ingeniosas es el **tubo solar**. Se trata de un sistema que recoge la luz solar que incide sobre la superficie del tejado. Suelen estar instalados en la cubierta mediante un ojo de buey y la luz llega al techo de las habitaciones que queremos iluminar a través de un tubo reflectante y articulado.
El tubo solar está especialmente recomendado para recibidores, baños o pasillos, pero no para dormitorios porque mientras haya sol habrá luz.

In the rooms below the roof, **skylights** can be fitted. These are windows in the roof or at the top of a wall. Normally, the light entering through these is more plentiful than a standard window. This means they are not particularly recommendable for warmer climates, unless they include elements that prevent unwanted overheating.

En las estancias que están bajo tejado se pueden abrir **tragaluces** o **claraboyas**, que son ventanas situadas en el techo o en la parte superior de una pared. Normalmente, la luz que entra por ellas es muy superior a la de una ventana corriente. Esto las hace poco recomendables para climas cálidos, a no ser que lleven incorporados elementos que eviten sobrecalentamientos.

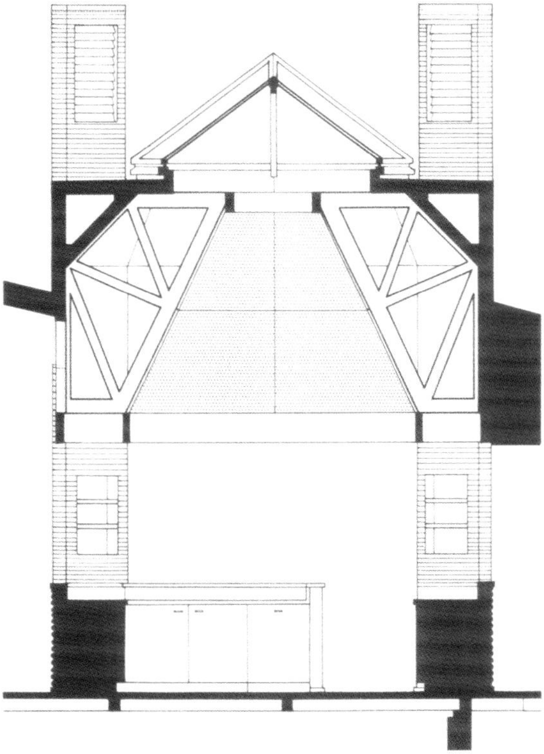

Skylights are also a useful resource to take advantage of maximum solar radiation in some areas. Here, the design of the house lets inhabitants enjoy a natural skylight that floods the kitchen with light.

El uso de claraboyas es un recurso muy útil para aprovechar la máxima radiación solar en algunos espacios. Aquí, el propio diseño de la vivienda permite disfrutar de una luz cenital natural que ilumina la cocina.

In this prefabricated home in California, the architect proposes **lantern windows** to help gain natural light in the north façade, which in this case is where the kitchen and storage lockers are located.

En otras ocasiones, como en esta vivienda prefabricada de California, el arquitecto propone **ventanas de linterna** que ayudan a ganar luz natural en la fachada norte, que en este caso es donde se encuentra la cocina y los armarios de almacenamiento.

The sun is the best ally of bioclimatic architecture in winter, but not in summer, especially in hotter climates. To avoid unwanted overheating caused by the sun, there's nothing like a good bit of shade. Thus, the arrangement of **shading elements** (such as the roof overhangs, canopies, shutters, porches, and even curtains) can avoid unwanted heat gain, reducing air conditioning costs.

El sol es el mejor aliado de la arquitectura bioclimática en invierno, pero no en verano, especialmente en zonas cálidas. Para evitar sobrecalentamientos no hay nada como una buena sombra. Así, la disposición de los **elementos de sombreado** (como los voladizos de los tejados, los toldos, las persianas, los porches e incluso las cortinas) permite evitar estas ganancias de calor indeseadas y reducir la factura de aire acondicionado.

Canopies are a very efficient and economical solution to protect houses from the sun. Moreover, they are easy to fit both in rural and urban dwellings.

El **toldo** es una solución económica y muy eficiente para proteger la vivienda del sol. Además, es fácil de instalar tanto en viviendas de zonas rurales como en apartamentos urbanos.

The openings that require more protection are those in the west- and east-facing walls, which receive more direct sunlight in summer. In this sense, it is important to avoid placing large windows on these sides, thus meaning there will be less surface to protect. In contrast, openings located on the sunny façade (south or north depending on the latitude) do not have such a problem because the summer sun hits them more vertically.

Las aberturas que requieren mayor protección son las ubicadas en las fachadas oeste y este, que son las que reciben los rayos de sol más directos en verano. En este sentido, es importante evitar los grandes ventanales en estos lados de la vivienda; así habrá menos superficie que proteger. En cambio, no hay problema con las aberturas situadas en la fachada de pleno sol (norte o sur, dependiendo de la latitud), puesto que en verano los rayos llegan a ellas de un modo más vertical.

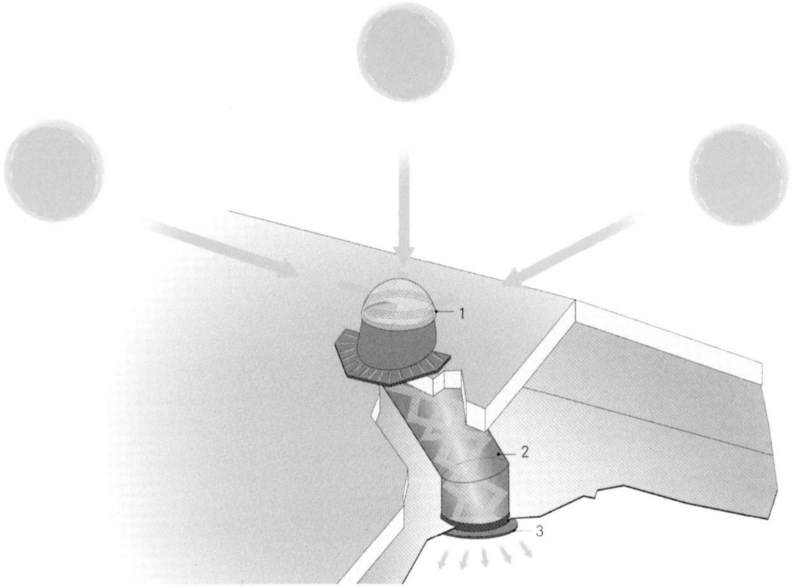

How a solar tube works

1. El sistema recoge la luz del sol a través de una cúpula ubicada en el tejado.
2. La luz pasa por el interior de un tubo cuyas paredes son totalmente reflectantes.
3. La luz transportada ilumina la estancia a través de una discreta luminaria circular.

Funcionamiento de un tubo solar

1. The system collects the sunlight through a dome placed on the roof.
2. The light passes inside a tube with 100 % reflective walls.
3. The light transported lights up the room through a discrete circle.

Both the design that enhances the orientation and the use of solar tubes for shaded rooms exemplify the constructive measures of low CO_2 emissions.

Tanto el diseño que potencia la orientación sur como el uso de tubos solares para habitaciones a la sombra ejemplifican medidas constructivas de baja emisión de CO_2.

Housing design plays an important role in energy savings. For this duplex, large windows on the south side and an open-plan layout were chosen. Therefore there are no barriers preventing sunlight from being distributed throughout the home.

El diseño de la vivienda desempeña un importante papel en el ahorro energético. En este dúplex se ha optado por poner grandes ventanales en la fachada sur y por una distribución interior abierta y, por tanto, sin barreras para que la luz del sol se distribuya por todo el hogar.

Of all the shading elements that exist, the canopy is one of the most efficient, while also being one of the cheapest and easiest to implement. Its efficiency lies in the fact that while providing shade, it also allows natural light to enter and windows can be opened to allow air into the home. The more economical models of canopies are manually operated, but there are also canopies that can be programmed to open during the daylight hours and close when the sun does not cause a problem or when it is too windy.

De todos los elementos de sombreado existentes, el toldo es uno de los más eficientes a la vez que uno de los más económicos y fáciles de instalar. Su eficacia radica en que al mismo tiempo que proporciona sombra, permite la llegada de la luz natural y que se pueda abrir la ventana en cuestión para que entre aire en el hogar.
Los modelos de toldos más baratos son manuales, pero también los hay programables para que bajen en las horas de sol y para que vuelvan a plegarse cuando este ya no es una molestia o cuando hace demasiado viento.

Shutters are another great solution to protect the house from the sun. By adjusting their angle, shutters can be placed so as to allow light to enter while also avoiding direct sunlight.

Las **lamas orientables** son otra muy buena solución para proteger la vivienda del sol. Al poderse regular su inclinación, se pueden colocar las lamas de modo que permitan la entrada de luz al mismo tiempo que evitan los rayos de sol directos.

When the electrical installation is being carried out, recessed halogen bulbs should not be used: while they offer the best quality of light, they are contaminants due to their high power consumption. Another prime example of inefficiency is the incandescent light bulb. The European Union has devised a three-year plan to dispose of these bulbs (2009-2012).
There are two options that should help us when selecting the type of electrical installation to be installed: a) low energy lights that can be used in the same wall lights where incandescent bulbs were used; b) LED modules and fixtures.
LED or light emitting diodes were first sold for industrial uses or signs in gardens. Currently, their domestic use has gained weight, thanks to technical innovations and because they are more efficient than light bulbs.

En el momento de realizar la instalación eléctrica, se deberían evitar los focos halógenos empotrados, que, aunque ofrecen la mejor calidad de luz, también contaminan mucho debido a su elevado consumo eléctrico. Otro ejemplo de ineficiencia son las bombillas incandescentes, como muestra el plan trienal de la Unión Europea para su eliminación definitiva (2009-2012).
Hay dos opciones, por lo tanto, que deberían guiar los objetivos de ahorro energético en el momento de escoger la instalación eléctrica para nuestro hogar: a) luces de bajo consumo, que pueden aprovechar los apliques que hasta ahora usaban las incandescentes; b) módulos y luminarias de *led*.
El *led* o diodo luminiscente empezó a comercializarse para usos industriales o señalización de jardines. Actualmente su uso doméstico ha ganado peso, gracias a las innovaciones técnicas y al hecho de que son más eficientes que las bombillas de bajo consumo.

Parathom Classic by Osram are LED lamps designed to replace incandescent bulbs up to 40 W. They have a lifespan of 25 years and have energy savings of 80 %.

Los modelos Parathom Classic de Osram son lámparas de led pensadas para sustituir las bombillas incandescentes de hasta 40 W. Tienen una vida útil de unos 25 años y suponen un ahorro de energía del 80%.

Compact fluorescent lamps are available without the shell with the exposed twisted conductor or in the shape of a bulb. They are sold with screw cap and various power and light tones. They consume 80 % less energy, generate 80 % less CO_2 and have a life 15 times longer.

Las lámparas fluorescentes compactas pueden presentarse sin caparazón, con el conducto retorcido a la vista, o bien en forma de bombilla. Se comercializan con casquillo de rosca y diferentes potencias y tonos de luz. Consumen un 80% menos de energía, generan un 80% menos de CO_2 y tienen una vida 15 veces más larga.

This model, Dulux Carré by Osram can be used indoors or outdoors, as it is waterproof. The model can be equipped with a sensor that, according to the amount of light outside, decreases or increases the light output. Three models are available: 9 W, 11 W and two 11 W bulbs.

Este modelo, el Dulux Carré de Osram, es aplicable para interiores o exteriores, ya que es resistente al agua. El modelo de fábrica puede venir equipado con un sensor que, según la cantidad de luz en el exterior, disminuye o aumenta la potencia de luz. Hay tres modelos disponibles: 9 W, 11 W y 2 bombillas de 11 W.

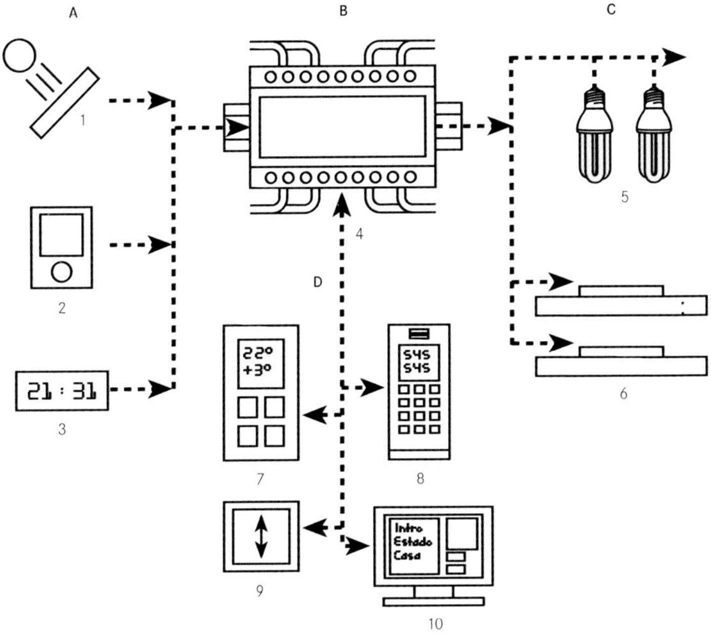

Home automation lighting control diagram

A. Sensors
1. Light detector
2. Presence detector
3. Time of day

B. Controller
4. Home automation control

C. Actuators
5. Voltage regulator actuator (lighting)
6. Voltage regulator actuator (on/off)

D. Interfaces
7. Keypad
8. Mobile / SMS
9. Switch
10. Internet

Esquema de control domótico de la iluminación

A. Sensores
1. Detector de luminosidad
2. Detector de presencia
3. Programación horaria

B. Controlador
4. Control de domótica

C. Actuadores
5. Actuador de regulador de voltaje (iluminación)
6. Actuador de regulador de voltaje (encendido / apagado)

D. Interfaces
7. Teclado
8. Móvil / SMS
9. Interruptor
10. Internet

Besides using low-energy lighting, it is also important that the system itself is efficient. Home automation systems adapt the lighting level depending on the variation of sunlight, the area of the house, the presence of people or the time. Intelligent automatic control is also available for the home's awnings, blinds and curtains, so to make better use of sunlight according to the time of year, which will also have an effect on the consumption of energy.

Aparte de usar luminarias de bajo consumo, es importante que el propio sistema sea eficiente. Los sistemas domóticos adaptan el nivel de iluminación en función de la variación de luz solar, la zona de la casa, la presencia de personas o la hora programada. También se puede realizar un control automático inteligente de toldos, persianas y cortinas de la vivienda, con tal de aprovechar mejor la luz solar según la época del año, lo que tendrá un efecto en el consumo de climatización del hogar.

Paint

The leading paint brands have lines of green products, which have been fabricated using environmentally friendly processes. But in the world of paint, there is an option even better for the environment and our health: natural paint. These paints are made from products with a mineral or vegetable origin. Their major plus point is that, being of natural origin, they are not harmful to the environment or to humans.

Pintura

Las grandes marcas de pinturas poseen líneas de productos ecológicos, lo que significa que han sido fabricados intentando respetar al máximo el medio ambiente. Pero, en el ámbito de la pintura, existe otra opción todavía más respetuosa con la naturaleza y la salud de las personas: las pinturas naturales. Están compuestas por productos de origen mineral o vegetal. Su gran baza es que al ser de procedencia natural no son nocivas ni para el medio ambiente ni para las personas.

Mineral-based natural paints (known as silicates) are mainly used for painting walls. Their main feature is their durability, and so they are especially suitable for façades, because of their dust and pollutant repelling properties. Vegetable-based paints are derived primarily from plant oils and resins, and from waxes and mineral pigments. These are used on wood. Their great advantage is their greater flexibility over conventional paints, which, over time, facilitates the upkeep of the wood and keeps it in better condition. As for their durability, they are similar to that of conventional paints.
Another important factor to consider is the color to paint exteriors. In warm climates, it is advisable to use white to avoid heat gain. On the other hand, in cold areas it is better to go for dark colors, which absorb heat.

Las pinturas naturales de origen mineral (silicato) se usan, principalmente, para pintar paredes. Su característica principal es su mayor durabilidad, por lo que su uso está muy indicado para las fachadas. Las de origen vegetal proceden de aceites y resinas de plantas, y de ceras y pigmentos minerales. Se usan para la madera, pues su gran ventaja es una mayor flexibilidad respecto a las pinturas convencionales, lo que a la larga facilita el mantenimiento de la madera y su mejor conservación. En cuanto a su durabilidad, es similar a la de las pinturas convencionales.
Otro factor que debe tenerse en cuenta es el color con el que se pintan los exteriores. En las zonas calurosas, es aconsejable usar el blanco para evitar ganancias de calor. Contrariamente, en las zonas frías es mejor optar por los colores oscuros, que absorben el calor.

There are natural paints on the market for all kinds of surfaces (both indoor and outdoors, wood, metal, etc.), and not just standard paint, there are also enamels and antioxidants, among other products. In comparison to conventional paints, these products are more breathable, they are also fireproof, require fewer coats, do not dirty as easily since they repel dust, and they do not contain toxic components. The only drawbacks are that there is less to choose from and they are pricier. In the long run, however, they are worth the extra.

En el mercado se pueden encontrar pinturas naturales para todo tipo de soportes, y no solo pintura, sino que también hay esmaltes y antioxidantes, entre otros. Estos productos son más transpirables que los convencionales, son también ignífugos, precisan de menos capas, no se ensucian tanto porque repelen el polvo y la contaminación atmosférica y no llevan agentes tóxicos. Los únicos inconvenientes son la menor oferta existente y el mayor precio, pero a la larga salen a cuenta.

There are less natural paints available than conventional ones, but this is not really an issue because you can always blend colors to get the one you want.
Natural paints are ideal for façades because fewer coats are needed, they are more breathable and they repel dust and air pollution, which means they stay cleaner.

Hay menos oferta de pinturas naturales que de convencionales, aunque esto no es realmente un inconveniente porque siempre se pueden hacer mezclas de colores para obtener el que se desea.
Las pinturas naturales son ideales para fachadas porque precisan de menos capas, son más transpirables y repelen el polvo y la contaminación, con lo que se ensucian menos.

Vegetable-based natural paints are used to paint wood. Their versatility is their great advantage over conventional paints, which are less flexible and eventually end with problems of cracks or fissures.

Las pinturas naturales de origen vegetal se usan para pintar madera. Su mayor flexibilidad es su gran ventaja respecto las pinturas convencionales, con las que, a la larga, acaban apareciendo problemas, como grietas o fisuras.

On façades, one single coat with mineral-based paint can last over a century. Interiors, however, must be painted as often as with conventional paint because the walls are dirtied by usage.
White walls are typical in hot climates, such as in southern Spain or the Greek islands. Light colors, particularly white, help prevent heat gain from the sun.

En las fachadas, una sola capa con pinturas de origen mineral puede durar más de 100 años, aunque en interiores hay que pintar con la misma frecuencia que con las pinturas convencionales porque las paredes se ensucian por el uso.
Las fachadas blancas son típicas de zonas calurosas, como el sur de España o las islas griegas. Los colores claros, especialmente el blanco, ayudan a evitar ganancias de calor.

LA BONNE MAISON

Prouais-sur-Opton, France

Coste Architectures

© Vincent Fouin

Solar panels for heating water and natural ventilation system.

Paneles solares para calentar el agua y sistema de ventilación natural.

Triple-glazed windows, walls with thermal resistance with a double R-value.

Cristales de triple vidrio, muros con doble resistencia térmica.

Sustainability throughout the entire home
Sostenibilidad en todos los rincones del hogar

This latest model for a prefabricated home was the brainchild of the famous photographer Yann Arthus-Bertrand. The design is by Agence Coste Architectures, but the actual construction is the responsibility of the Geoxia consortium (Maisons Phenix). These houses began to be marketed in 2008. From the outside, the residence appears to be made up of fairly classic cubic forms: a rectangular shape and gable roof. The outer cladding on the walls is wood.
From the perspective of sustainable architecture, the house offers a multitude of solutions for greener living. The first is its optimum orientation to the sun, since 72% of the natural light penetrates the building on its southern side. Thanks to this disposition and to all the other bioclimatic features, the property does not need to be heated by electricity. To achieve optimum insulation and prevent heat loss, the project integrated the total elimination of thermal bridges and triple-glazed windows.
In addition, the walls were erected with a double R-value in terms of thermal resistance, in accordance with French technical regulations. The property incorporates thermal solar panels, located on the roof, which provide over 50% of the energy required to heat the water used in the home.
An earth tube (earth-air heat exchanger) buried in a trench at a depth of 2.5 m feeds a ventilation system with air at a constant temperature of 14 ºC (with a variation of ±2 ºC). The air passes through a double-flow thermodynamic system and is distributed by two diffusers that help to renew the atmosphere inside the house throughout most of the year. A wood-burning stove has also been installed to enhance the heating system.

Este reciente modelo de casa prefabricada se ha realizado por iniciativa del célebre fotógrafo Yann Arthus-Bertrand. El diseño es de Coste Architectures, pero la fabricación está a cargo del grupo Geoxia (Maisons Phenix). La comercialización de estas casas comenzó en el año 2008. Desde el exterior, la residencia presenta unas formas cúbicas y bastante clásicas: forma rectangular y tejado a dos aguas. El revestimiento exterior de las paredes es de madera.
Desde el punto de vista de la arquitectura sostenible, la casa presenta múltiples soluciones para un funcionamiento más ecológico. La primera es una orientación solar óptima, pues a través de la fachada sur penetra un 72% de la luz natural. Gracias a esta orientación y al resto de medidas bioclimáticas, la residencia no precisa calefacción eléctrica. Para conseguir un aislamiento óptimo y evitar la pérdida de calor, el proyecto integró la ruptura total de los puentes térmicos y unas ventanas y cristaleras de triple vidrio. Además, los muros se construyeron con doble resistencia térmica, siguiendo las indicaciones que exige la normativa técnica francesa. La residencia incorpora unos paneles solares térmicos, situados en la cubierta, que aportan más del 50% de la energía necesaria para calentar el agua que se utiliza en la casa.
Un pozo de 2,5 m de profundidad alimenta un sistema de ventilación con aire a una temperatura constante de 14 ºC (con una variación de ±2 ºC). El aire pasa a través de un sistema termodinámico de doble flujo y se distribuye por dos difusores que contribuyen a que se renueve la atmósfera interior de la casa durante la mayor parte del año. También se ha instalado una estufa de leña para reforzar la calefacción.

The wood cladding and thermal solar panels are the most striking features on the outside of the house, which follows a traditional design, with rectangular shapes and a gable roof. The disposition of the house maximizes heating and lighting.

El revestimiento de madera y las placas solares termales son los elementos que más destacan de la fachada de la casa, que sigue un diseño tradicional, con formas rectangulares y tejado a dos aguas. La orientación de la vivienda consigue una mejor iluminación y aprovechamiento del calor.

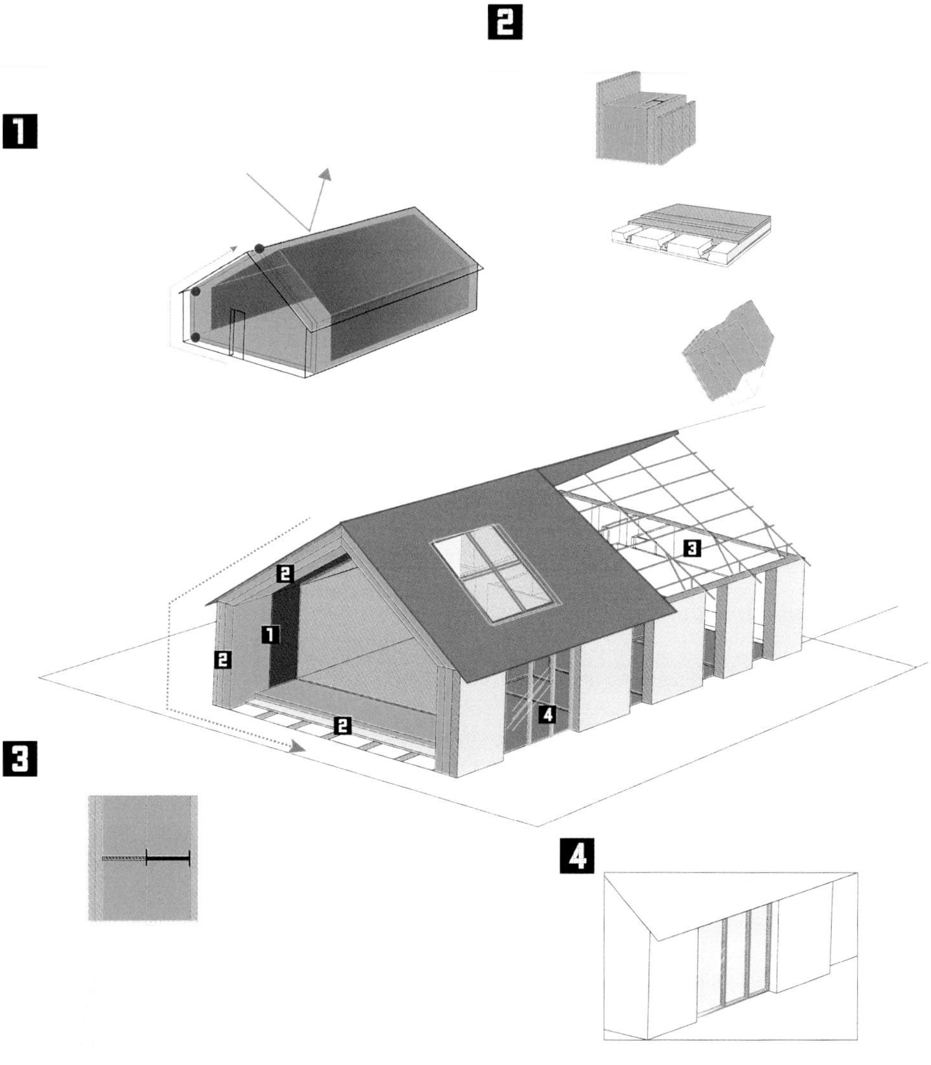

1. Insulation
   - Constant insulation for the floor, walls and slopes of the roof
   - Watertight membrane
2. Reinforced insulation
   - For the walls: insulation of 200 mm + 80 mm of alternating layers
   - For the floor: 65 mm insulation
   - For the slopes of the roof: insulation of 200 mm + 200 mm of alternating layers
3. Elimination of thermal bridges
   - Reduces heat loss
4. Triple-glazed windows
   - Reduces heat loss through the windows
   - 25% more efficient than standard double-glazing

1. Aislamiento
   - Aislamiento continuo del suelo, las paredes y las vertientes del tejado
   - Membrana de estanquidad
2. Aislamiento reforzado
   - De los muros: aislamiento de 200 mm + 80 mm de capas alternas
   - Del suelo: aislamiento de 65 mm
   - De las vertientes: aislamiento de 200 mm + 200 mm de capas alternas
3. Eliminación de los puentes térmicos
   - Disminuye la pérdida de calor
4. Ventanas de triple vidrio
   - Disminuye la pérdida de las aberturas
   - Una eficacia un 25% superior a la doble ventana estándar

The thermal solar panels are used to heat the water supply and the house itself. In this case, over half the water used in the home is heated using this method. This leads to significant energy savings and avoids CO_2 emissions deriving from burning fossil fuels.

Las placas solares termales se utilizan para calentar el agua sanitaria y para la calefacción. En este caso, más de la mitad del agua que se utiliza en la vivienda se calienta por este método. Se consigue un ahorro importante de energía y se evitan emisiones de CO_2 derivadas de la combustión de combustibles fósiles.

Axonometric view / Axonometría

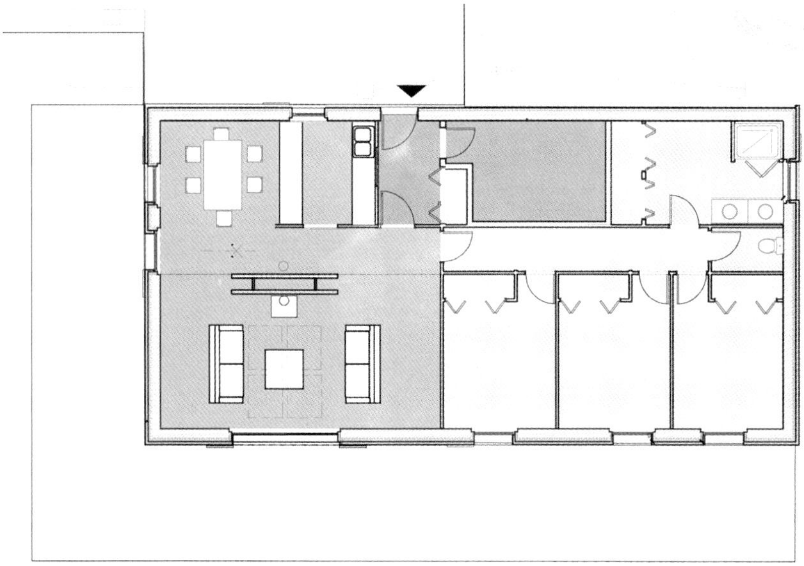

Ground floor plan / Planta baja

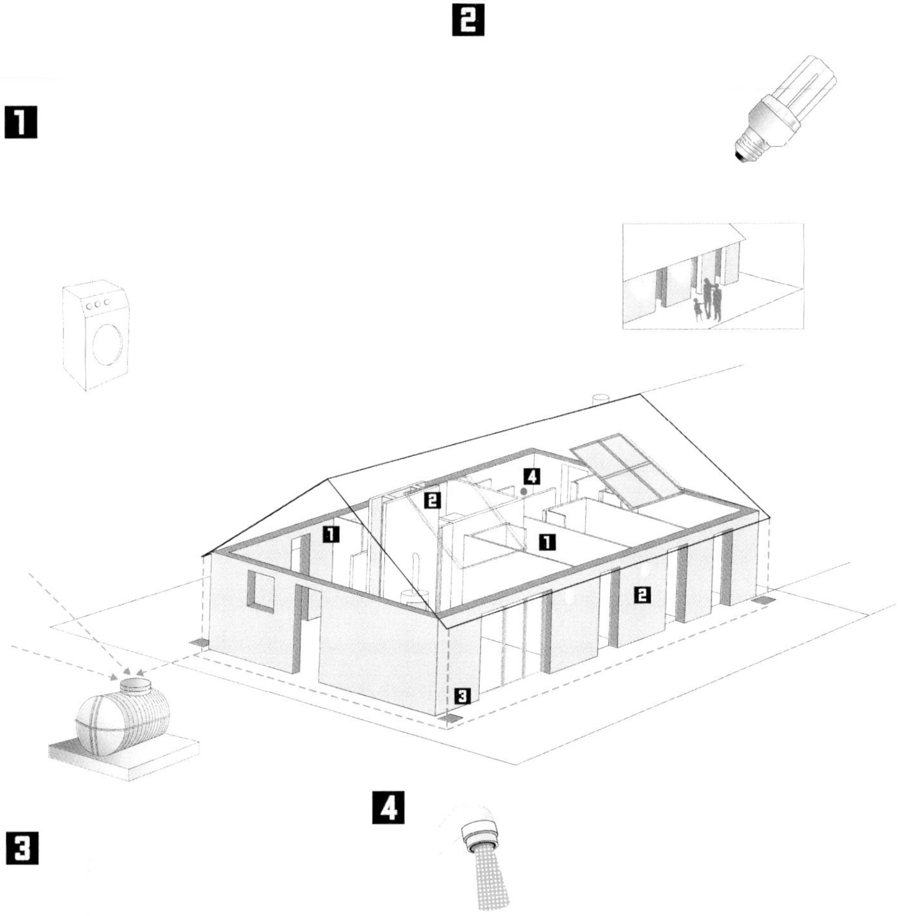

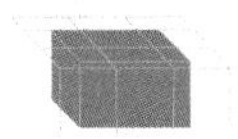

1. Electrical household appliances
- 31% saving
- The choice of household appliances should be made on the basis of their energy efficiency. Category A++ appliances have been selected.
2. Lighting
- 75% saving in energy when compared to conventional lighting
- Use of energy-saving compact fluorescent light bulbs (CFLs)
- Motion detectors in external lighting
3. Recovery of rainwater
- Rainwater is harvested in a tank buried underground and reused as gray water: for watering the garden and washing the car. This represents a 25% saving in water consumption.
4. Water savings
- This system replaces part of the water with air, thereby obtaining savings with the same apparent flow of water. This device contributes to energy savings because it also reduces hot water consumption.

1. Electrodomésticos
- Ahorro del 31%
- La elección de los electrodomésticos se hace en función de su eficiencia energética. Se han escogido de la categoría A++.
2. Iluminación
- Ahorro de energía del 75% frente a la iluminación convencional
- Uso de bombillas de bajo consumo
- Detectores de movimiento en la iluminación exterior
3. Recuperación del agua de lluvia
- El agua pluvial se recupera en una cuba enterrada y se reutiliza como agua no potable: riego del jardín y limpieza del automóvil. Significa un ahorro del 25% en el consumo de agua.
4. Ahorro de agua
- Este sistema reemplaza una parte del agua por aire, con lo que se consigue un ahorro con el mismo flujo de agua aparente. Este dispositivo contribuye al ahorro de energía porque también se reduce el consumo de agua caliente.

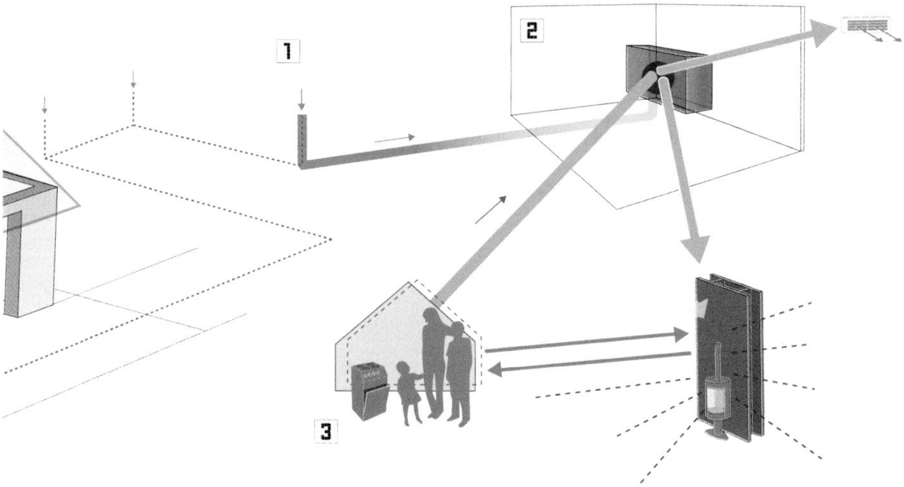

1. Passive geothermal power: an earth tube recovers air from the outside to enable it to enter the house at a constant temperature (14 ºC ±2 ºC).
2. This is an innovative, non-conventional heating system. It acts like a double-flow thermodynamic ventilation system that ensures renewal of the air inside the home. The incoming air is preheated by the outgoing air.
3. Energies normally left untapped. All electrical appliances and the human body release heat. The insulation of the property is such that it is possible to take this form of heat into account in the final analysis.
4. Wood-burning stove and wall with thermal inertia properties. In order to create indoor comfort, a wood stove has been installed that uses energy drawn from the biomass, which in this case is wood.

1. Geotermia pasiva: un pozo recupera aire del exterior con el fin de que entre en la casa a una temperatura constante (14 ºC ±2 ºC).
2. Este sistema es un modo novedoso y no convencional de calefacción. Actúa como una ventilación termodinámica de doble flujo que asegura la renovación del aire de la residencia. El aire entrante es precalentado por el aire saliente.
3. Energías no explotadas normalmente. Todos los aparatos eléctricos y el cuerpo humano desprenden calor. El aislamiento de la residencia es tal que se puede tener en cuenta este calor en el balance final.
4. Estufa de madera y muro de inercia térmica. Con el fin de crear un confort interior, se ha instalado una estufa de leña que utiliza la energía procedente de la biomasa, en este caso la madera.

The energy consumption for the entire house is 12 kW/m^2 per year, whereas in normal conditions, without taking any measures to increase energy efficiency, it would amount to roughly 70 kW/m^2 per year. The savings in energy, which are calculated to be around 80%, and in water, estimated at about 38%, translate to a reduction in CO_2 emissions into the atmosphere of some 1250 kg a year—figures that are by no means negligible, showing that reducing emissions is a viable proposition.

El consumo energético de toda la vivienda es de 12 kW/m^2 al año, mientras que en unas condiciones normales, sin adoptar medidas de eficiencia energética, rondaría los 70 kW/m^2 al año. El ahorro de energía, que se calcula en un 80%, y de agua, estimado en un 38%, representan una reducción en la emisión de CO_2 a la atmósfera de 1250 kg al año, unas cifras nada despreciables que demuestran que reducir emisiones es factible.

SOLAR HOUSE

Domat/Ems, Switzerland

Dietrich Schwartz/GLASSX

© Grazia Ike-Branco

The photovoltaic solar panels fully meet the home's energy requirements.

Los paneles fotovoltaicos cubren completamente la demanda energética de la casa.

Exposed concrete accumulates heat from the sun and transfers it to the inside of the house.

El hormigón acumula el calor del sol y lo transfiere al interior de la vivienda.

Comfort and ecology join hands
Confort y ecología se dan la mano

Dietrich Schwartz is an experienced architect, teacher and researcher in the field of solar energy and its use with glass façade systems. He built his first houses with energy-saving systems in the mid-nineties based on this technology, developed in Switzerland. His work is based on using the knowledge and potential culled from this field to develop products that harness the advantages and sustainability of the natural cycles of energy in a simple and cost-effective fashion. There are various types of glass, but the main purpose of this architectural glazing is to reduce the costs of the energy consumed. The system allows for the smart conversion of the solar power stored to provide appropriate air conditioning in the interior of the building, regardless of where they are located or the position of the sun during the different seasons of the year. Solar House is one of the best examples of the work done by this company and gives us an idea of how self-sufficient a residence can be with respect to electricity consumption. It is located in Domat/Ems, a municipality in the Swiss canton of Graubünden or Grisons, in the east of the country. The hours of sunlight in this area, particularly in the winter, are not plentiful. The house nestles in the basin of the River Rhine, parallel to the valley. The east-, west- and south-facing walls have photovoltaic solar panels integrated in the large windows of the top floor. The incidence of light on the north façade is very limited, and thus storage heaters on this side of the building were not considered to be necessary. Instead, the whole façade was used to insert a picture window. The shell is made of concrete and works like a heat accumulation system. Inside there is a bright room with exposed concrete walls, which radiate the solar thermal energy in winter just like a slow-burning stove. In this way, it is possible to make energy savings, even though it is renewable energy, which can be put to use for other purposes.

Dietrich Schwartz es un experimentado arquitecto, profesor e investigador en el campo del uso de la energía solar con sistemas de fachadas acristaladas. A mediados de los noventa construyó las primeras casas con sistemas de ahorro de energía que incorporaban esta tecnología desarrollada en Suiza. La base de su trabajo es utilizar los conocimientos y las posibilidades de este campo para desarrollar productos que aprovechen las ventajas y la sostenibilidad de los ciclos naturales de energía de una manera sencilla y económica. El objetivo primero de este tipo de vidrio arquitectónico es reducir los costes energéticos mediante una conversión inteligente de la energía solar almacenada para proporcionar una climatización adecuada de los espacios interiores, independientemente de la localización y la posición del sol en las diferentes estaciones del año. Esta casa es uno de los mejores ejemplos de su trabajo y una muestra de hasta dónde puede ser autosuficiente una residencia en su consumo eléctrico. Está situada en Domat/Ems, una comuna suiza del cantón de los Grisones, en el este del país, concretamente en la cuenca del Rin, paralela al valle. Las horas de sol en esta zona, sobre todo en invierno, no son abundantes. Las fachadas este, sur y oeste cuentan con paneles fotovoltaicos integrados en los grandes ventanales de la planta superior. La incidencia de la luz en la cara norte es muy limitada, por lo que no se consideró necesario instalar un acumulador en ese lado. En su lugar, se aprovechó toda la fachada para colocar un ventanal panorámico.

La obra bruta es de hormigón, un material que funciona como acumulador energético. En el interior hay una luminosa habitación con muros de hormigón visto que en invierno transfieren la energía termosolar como si de una estufa se tratara. De esta manera, se reduce el consumo de energía, aunque sea renovable, y esta puede destinarse a otros usos.

In green architecture, glass is the material par excellence used to capture light. The north face –the only one without photovoltaic panels–was completed with a large window allowing natural light to enter the darker area of the house, while also making it possible to enjoy the magnificent views of the region.

Las cristaleras de las fachadas no son placas fotovoltaicas convencionales y no tienen la misma eficiencia, pero generan electricidad con la energía solar que reciben del sol y pueden utilizarse en el revestimiento de la casa. Estos cristales son traslúcidos, por lo que permiten la entrada de luz al interior de la casa.

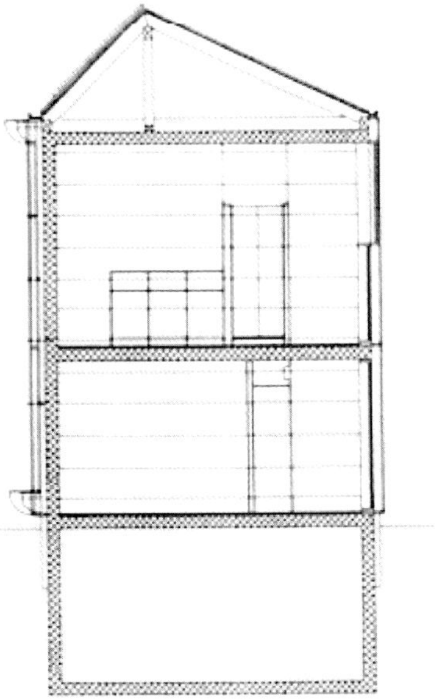

Section / Sección

This bioclimatic residence has all mod cons, an outdoor garden, and even a pond and swimming pool for the summer months. It provides a perfect example to demonstrate that being energetically self-sufficient is not at odds with an excellent lifestyle.

Esta casa bioclimática cuenta con todas las comodidades, jardín exterior e incluso un estanque y una piscina para los meses de verano. Es un ejemplo perfecto para demostrar que la autosuficiencia energética, tanto para la calefacción como para la electricidad, no está reñida con una excelente calidad de vida.

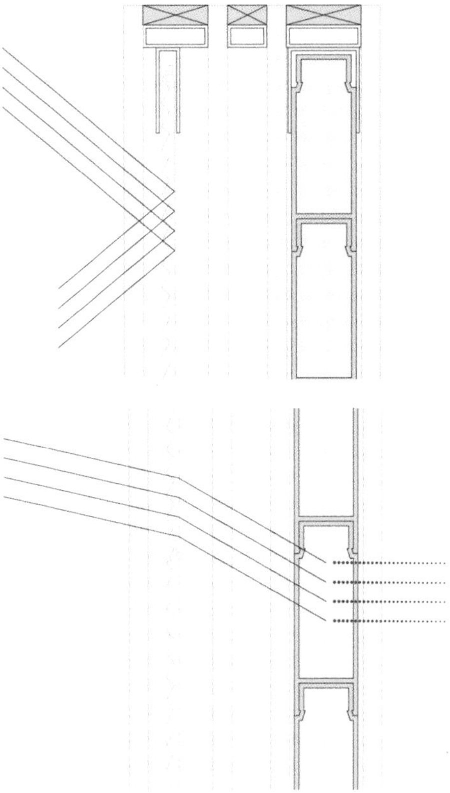

Construction detail Solar radiation
Detalle constructivo. Radiación solar

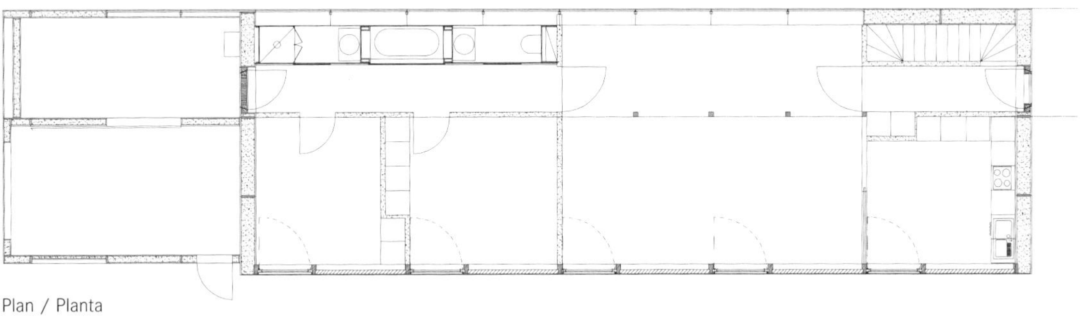

Plan / Planta

The large expanses of glass are adapted to the climate and time of day—sometimes appearing opaque and others translucent. The technology used enables the house to meet its energy requirements thanks to the exclusive use of the solar system.

El ángulo de incidencia del sol varía en invierno y en verano. En el diagrama se aprecia como los rayos de sol rebotan sobre el cristal en verano; en cambio, en invierno el sol sí que consigue penetrar en la vivienda.

The interior rooms are spacious and full of light, and the wooden finishes add a warm touch. The exposed concrete allows heat to be accumulated and radiated to the interior of the rooms, which means that less use is made of conventional heating. The presence of glass in the walls guarantees good daylighting.

Las habitaciones interiores son espaciosas y luminosas, con acabados de madera que aportan calidez. El hormigón visto, además de acumular calor, no necesita acabados, con lo que se elimina el gasto de pinturas y barnices que requerirían mantenimiento al cabo de unos años.

ENGELS-HOUBEN PASSIVE HOUSE

Rurich, Germany

Rongen Architekten

The biomass stove allows for the efficient air conditioning of the home.

La estufa de biomasa permite una eficiente climatización de la vivienda.

The thermal solar panels heat the water and meet the needs of the family.

Los paneles solares térmicos calientan el agua y satisfacen las necesidades de la familia.

Rationality to promote energy and comfort in Germany
Racionalidad energética y comodidad en Alemania

Passive solutions are the most common in sustainable architecture today. While active systems are developing and gradually gaining acceptance, it is quicker and easier to incorporate applications that facilitate energy savings. Despite the fact that this residence is equipped with energy-saving technology, it was built in line with standards for passive construction, which means it only consumes 14.6 kWh/m^2 of calorific energy per year.
The residence is located in the middle of a green area, on the outer rim of the Wurm River valley, and is surrounded by a garden and small stream. The layout of the external walls of the property has been designed with both the site and the incidence of sunlight in mind. The latter determines many of the green solutions applied within the house. The north- and east-facing walls remain relatively hidden from the sun's rays. The northern façade is usually the coldest, and the eastern face is exposed to the sunlight only in the early hours of the morning. Windows and large expanses of glass were designed for the other two façades—the west- and south-facing walls, which open out on to the garden incorporating the landscape surrounding the house. Thus, full use is made of the hours of natural daylight, thereby helping to save electricity to light the rooms.

Las soluciones pasivas son las más comunes en la arquitectura sostenible actual. Mientras los sistemas activos se van abriendo paso y ganando adeptos poco a poco, las aplicaciones que facilitan el ahorro de energía pueden incorporarse de forma más rápida y sencilla. A pesar de que cuenta con tecnología para el ahorro de energía, esta casa se ha construido siguiendo los estándares de construcción pasiva, lo que significa que se emplean solo 14,6 kWh/m^2 de energía calorífica al año.
Esta residencia se encuentra situada en la parte central de una zona verde, en la periferia del valle del río Wurm, y está circundada por un jardín y un arroyo. La configuración exterior de la vivienda se adapta tanto al emplazamiento de la parcela como a la incidencia de la luz solar. Este último aspecto condiciona muchas de las soluciones ecológicas aplicadas en la casa. Las fachadas norte y este permanecen bastante ocultas a la irradiación solar. La fachada norte acostumbra a ser la más fría y la cara este es la que recibe el sol solo durante las primeras horas del día. En las otras dos fachadas, oeste y sur, se diseñaron ventanas y grandes cristaleras que abren la casa completamente al jardín y al paisaje que envuelve la vivienda. De esta forma, se aprovechan al máximo las horas de luz natural y se contribuye al ahorro en el consumo de electricidad para iluminar los interiores.

The terrace that can be seen in the section and in the images is located over the kitchen area. The plan also shows the eaves with solar panels.

La terraza que se observa en la sección y en las imágenes está situada sobre la cocina. En el plano se aprecia también el alero con las placas solares.

The Engels-Houben residence has a contemporary design. Its aesthetic appearance is defined by straight lines and a combination of white and gray. Sustainable architecture is not incompatible with quality finishes or a high level of comfort.

La residencia Engels-Houben tiene un diseño contemporáneo. Su estética queda definida por las líneas rectas y una combinación de los colores blanco y gris. La arquitectura sostenible no es incompatible con unos acabados de calidad ni con un alto nivel de confort.

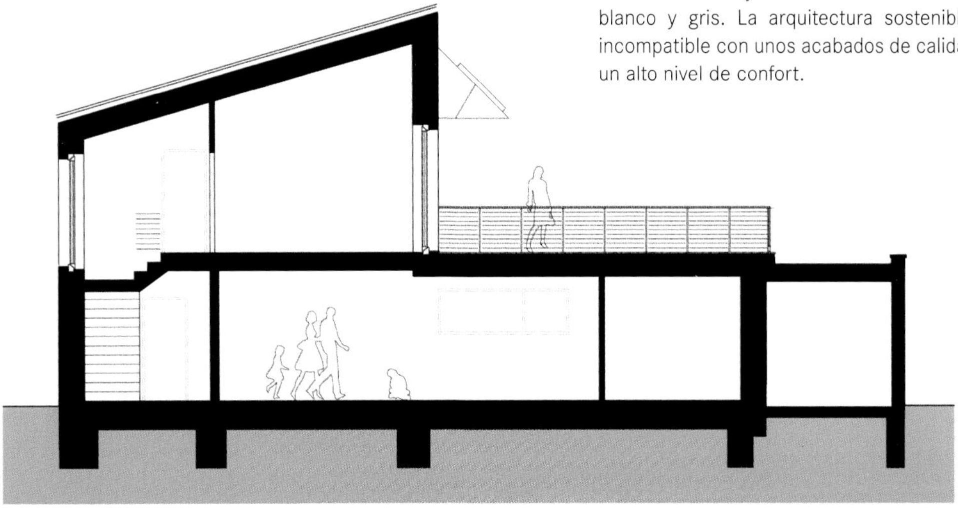

Section / Sección

Solar panels enable the sun's never-ending energy to be used. This is one of the first resources to be exploited when the aim is to apply the criteria of sustainability in residential architecture. Thermal panels enable solar power to be converted into heat.

Los paneles solares permiten aprovechar la energía inagotable del sol. Este es uno de los primeros recursos que se emplean cuando se quiere aplicar criterios de sostenibilidad en la arquitectura residencial. Los paneles térmicos permiten transformar la energía solar en calor.

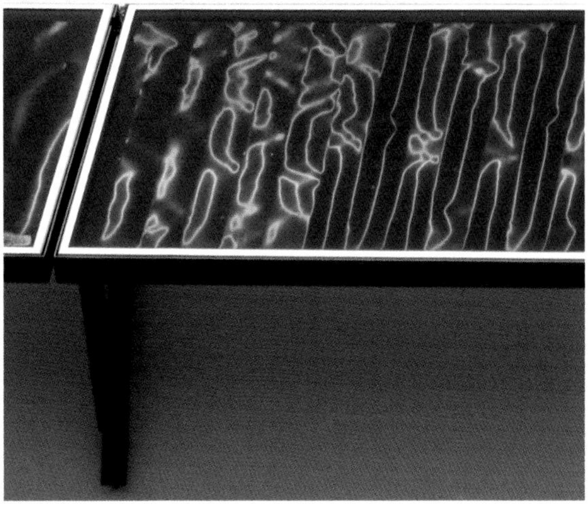

So as to adapt the residence to the standards of a passive house, it is heated almost exclusively by means of a wood boiler, thereby avoiding the use of polluting fuels. The use of wood, known in this connection as biomass, should be assessed in terms of cost and availability of this type of fuel. If the use of wood is positive for the environment (forest clearing, surplus of farm products, etc), this should prove to be a good option. The owners also decided to incorporate a thermal system including a 750-liter tank used mainly to heat water, although it also supports the heating system. The installation enables the occupants to meet their hot water needs throughout most of the year.

Para adecuarse a los estándares de una casa pasiva, la calefacción de la casa se consigue casi exclusivamente por medio de una caldera de leña, con lo que se evita el consumo de combustibles contaminantes. El recurso de la leña, conocida para este uso como biomasa, debe valorarse en función de los costes y la facilidad para conseguir este combustible. Si el aprovechamiento de la madera es útil para el medio ambiente (limpieza de bosques, excedentes de explotaciones agrarias, etc.), será una buena opción. Por otra parte, los propietarios optaron por incorporar un sistema térmico en el que se incluye un depósito de 750 litros que se emplea mayoritariamente para calentar el agua, aunque también sirve de apoyo al sistema de calefacción. Esta instalación permite a los moradores satisfacer sus necesidades de agua caliente durante la mayor parte del año.

The floor plans show where the windows and glass walls have been situated. They coincide with the more inhabited spaces of the house, which need more natural light.

Las plantas muestran dónde se han situado las ventanas y las paredes acristaladas. Se puede ver que coinciden con los espacios más habitados de la casa, que necesitan más iluminación natural.

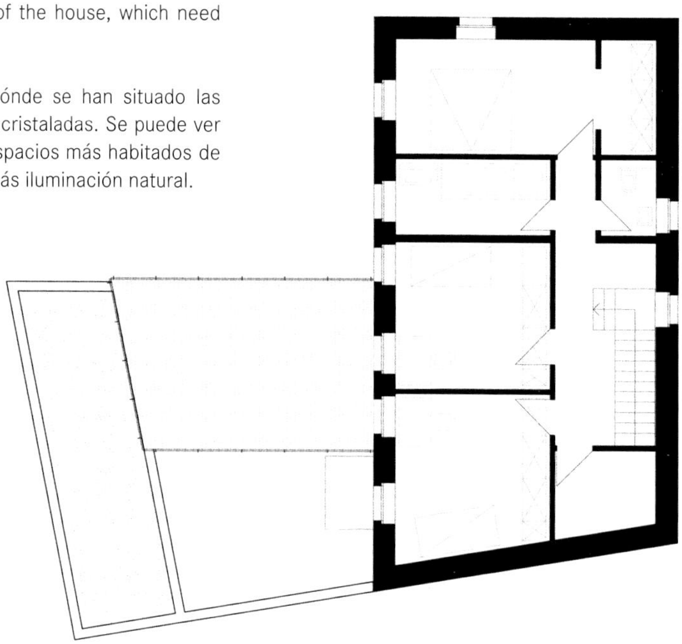

First floor / Primera planta

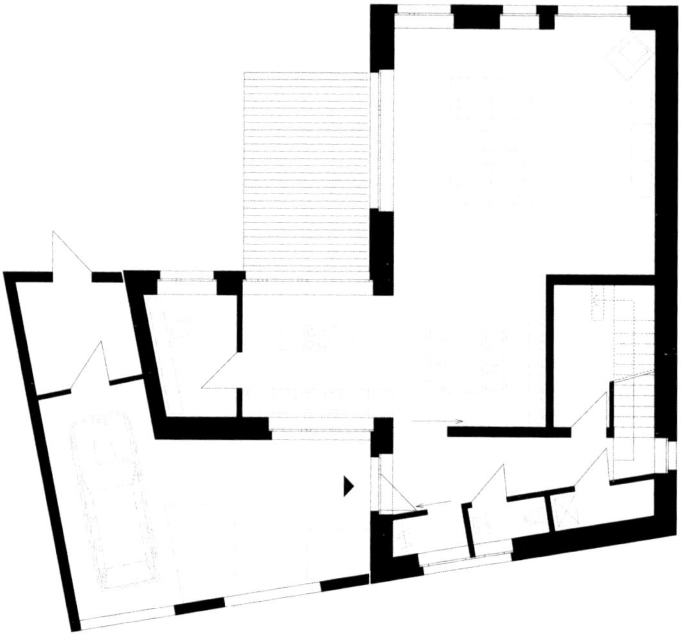

Ground floor / Planta baja

The property has a design consisting of three bedrooms, a bathroom, two toilets and a single space comprising a kitchen-cum-dining/lounge area. This area, located on the ground floor, enables the warmth from the wood stove to be shared and promotes better communication among family members.

La vivienda cuenta con un programa de tres habitaciones, un baño, dos aseos y un espacio único para la cocina, el comedor y el salón. Este último espacio, situado en la planta baja, permite compartir el calor de la estufa de leña y favorece una comunicación más fluida entre los miembros de la familia.

SEADRIFT RESIDENCE

Stinson Beach, California, United States

CCS Architecture

© Matthew Millman

Photovoltaic panels, which provide all the electricity in the house.

Paneles fotovoltaicos que proporcionan toda la electricidad de la casa.

Rainwater collection system for watering the garden.

Sistema de recogida del agua pluvial para riego del jardín.

Sustainable family beach home
Residencia sostenible para unas vacaciones en familia

The architects at CCS Architecture designed this spacious property as a second home for a 3-generation family. The house is located in Seadrift, a gated vacation community that originated in the 1950s at the tip of Stinson Beach. The design of this family house follows a rigorous sustainability and energy efficiency program. All the home's systems—electricity, hot water, HVAC, and radiant heating—are electric-based, and powered by the photovoltaic panels on the roof. With the exception of the cooking range, which uses natural gas drawn from a propane gas tank, the whole house has zero energy consumption, thereby avoiding the emission of large quantities of CO2. The residence is a perfect example of how opting for energy efficiency can be compatible with comfort and convenience. Furthermore, in anticipation of rising sea levels, and in compliance with the regulations in force in the region, the building has been erected about one meter above street level. The plan of the house has been designed to accommodate a large number of people at different times of the year. It is appropriate for having both family and friends round, and therefore the daytime area is of particular importance. The living area opens directly on to two courtyards outside. The window walls on both sides provide uninterrupted views of the hills and water. The courtyard on the south side is more intimate whereas the one on the north of the building leads to a small jetty in the lagoon and also contains a small pool.

Los arquitectos de CCS Architecture diseñaron esta amplia casa como segunda residencia de una familia de tres generaciones. La vivienda se encuentra en Seadrift, un complejo privado de vacaciones que se originó en los años cincuenta en la punta de Stinson Beach. El diseño de esta casa familiar sigue un riguroso programa de sostenibilidad y de eficiencia energética. Toda la electricidad, el agua caliente y la calefacción radiante se genera en los dos paneles fotovoltaicos de 1,5 m por 3 m instalados en el tejado. La ventilación también se alimenta de la electricidad producida de forma ecológica y se complementa con las corrientes de aire que generan las aberturas de la casa. La única excepción al uso de energía solar es la cocina, que funciona con gas natural suministrado por un tanque de propano, aunque podría sustituirse fácilmente por una cocina eléctrica. Este sistema de consumo de energía generado en los paneles fotovoltaicos, junto con los jardines de árboles diseñados para evitar el riego adicional –con el consiguiente ahorro de consumo de agua– le ha valido a la casa la calificación «Platinum» dentro del *ranking* de sostenibilidad definido por el condado de Marin. Los arquitectos admiten que, en casos como este, cuando una vivienda que no se usa diariamente sino solo los fines de semana, es más fácil contar con un sistema de energía solar. Así, cada día que la casa permanece cerrada, las baterías acumulan más y más energía de reserva, lo que permitiría que el sistema funcionara durante varias semanas en caso que hubiese problemas con los paneles. Más aún, si la cantidad acumulada supera la necesaria, se redirige a la red eléctrica tradicional de la zona.

The whole house is covered with wood siding. The product for treating this material for use on external structures does not contain chromium or arsenic. The property was erected approximately one meter above street level, in compliance with current building codes, to enable it to withstand a potential rise in the water level.

La casa está completamente revestida de láminas de madera. El producto para el tratamiento de este material para exteriores no contiene cromo ni arsénico. El uso de productos no tóxicos para el cuidado de los materiales constructivos contribuye a reducir los componentes químicos que podrían pasar al medio ambiente.

The terrain, surrounding gardens and plants in the courtyards are watered using a drip irrigation system, which is far more efficient. A system has been installed to filter and store rainwater. The storage of water helps with the watering of plants and the tank collects water and reduces the risk of flooding.

El terreno, los jardines circundantes y las plantas de los patios se riegan mediante un dispositivo de goteo, mucho más eficiente. Se ha instalado un sistema que filtra y acumula el agua de la lluvia. Este almacenamiento del agua, que se puede utilizar para el riego, reduce además el riesgo de inundación.

Sketch / Boceto

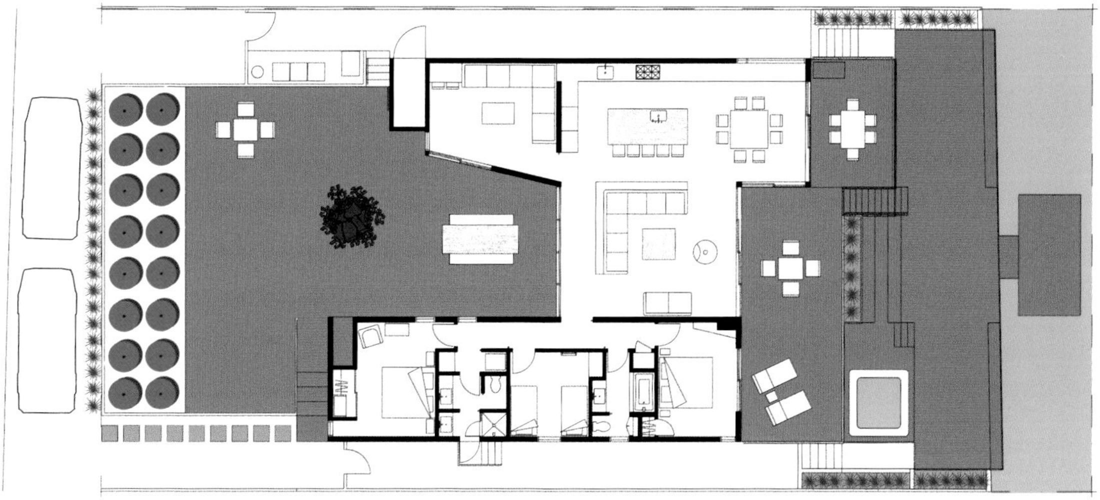

Plan / Planta

The plan shows which are brick walls and which have glass openings. This allows us to see the possible combinations to generate air currents.

En el esquema de la planta se aprecia qué paredes son de obra y cuáles tienen aberturas de cristal. Esto nos permite ver las posibles combinaciones para generar corrientes de aire.

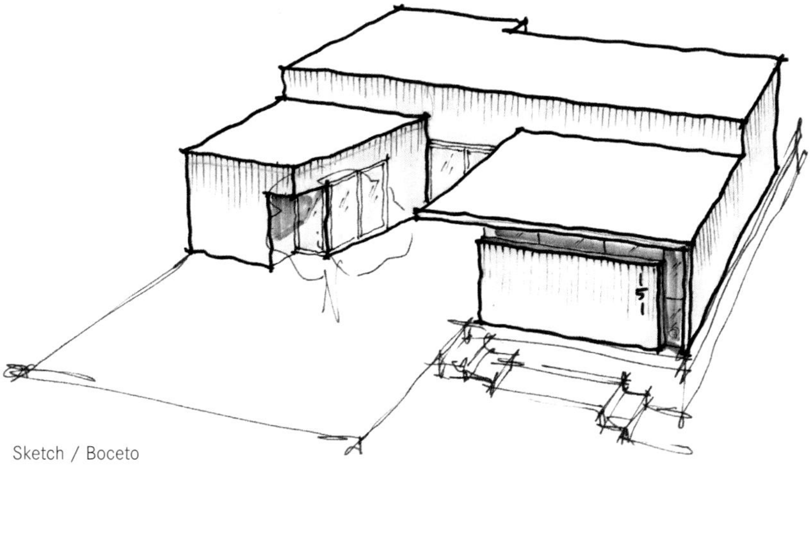

Sketch / Boceto

The use of solar energy does not require the construction of special spaces to accommodate equipment and gives the architect absolute freedom in the design.

El uso de la energía solar no requiere la construcción de espacios especiales para alojar el equipamiento y da al arquitecto una absoluta libertad en el diseño de la vivienda.

To control water consumption, the architects installed flow reducers on all faucets and showerheads. These systems, which normally mix air and water, obtain up to 50% savings in water. Regulators were also installed to control the consumption of light to rationalize the use of electricity.

Para controlar el consumo de agua, los arquitectos instalaron reductores del caudal en todos los grifos y duchas. Con estos sistemas, que normalmente mezclan aire y agua, se consigue un ahorro de hasta el 50%. También se instalaron controladores del consumo de luz para racionalizar el uso de la energía.

The house, which only has one story, is divided into two main wings: the social enclave, which includes the living room, kitchen, dining area and a multipurpose space; and the one containing the three double bedrooms, separated by the two bathrooms. The outer decks or courtyards extend the surface area of the home, particularly in the summer, when more time is spent in the living and dining areas outside in the open air. The fire orb in the living room can be rotated to direct its warmth to the interior of the house or towards the courtyard.

Los suelos de cemento, la paredes revestidas de cedro y los muebles de madera de nogal refuerzan el carácter ecológico de esta vivienda que está dividida en dos alas principales: la social, con el salón, la cocina, el comedor y un espacio multiuso, y la que concentra los tres dormitorios dobles, separados entre sí por los dos baños. Los patios exteriores diseñados sobre un muelle suman superficie, especialmente en verano, donde se pasa más tiempo en los comedores y salones al aire libre. La chimenea del salón se puede rotar para orientar su calor al interior de la casa o hacia el patio.

LAKE HOUSE

Port Stephens, New South Wales, Australia

Casey Brown Architecture

© Rob Brown

Passive systems for heating and cooling the pavilions.

Sistemas pasivos para la climatización de los pabellones.

Water collection system for consumption and firefighting purposes.

Sistema de recogida de agua para consumo y para la extinción de incendios.

Holiday home in paradise
Casa de vacaciones en el paraíso

The area of Port Stephens is known as the blue water paradise because of the beauty of its water and its natural environment. It is located about 160 km northeast of Sydney, on Australia's eastern seaboard, and has a population of approximately 50,000 inhabitants. A natural beauty spot, it is divided into three small regions–the Tomaree peninsula, the Tilligerry peninsula and the Golden Bight area surrounding the bay. The climate is warm all year round, with no winter frosts. The cool breezes keep the temperature mild in the summer. During this season it is a great escape for Sydneysiders who flock to its beaches, which are much quieter than anything Sydney has to offer. In the spring, the area comes alive with indigenous wild flowers, and from May to July it is possible to see the migrating birds fly through these lands. It is in this idyllic spot that a young family decided to build a summer home on the edge of a lake, next to a eucalyptus forest. The environmental concerns of the owners led to the inclusion of passive energy-saving systems in the design. The house is built on a platform to guard against flooding and avoid causing a significant impact on the local terrain. This surface provided the base on which the seven pavilions forming the residence were erected. These structures are articulated around a central passageway crowned by a huge open fireplace. Access to the raised area is via two ramps, one leading to the lake and the other to the bush. The rooms in the house are distributed between the pavilions, and the disposition of each one is dictated by the climate and the use made of the room. Their position with respect to the lake, air currents and need to regulate the temperature also has an influence. Sliding walls and louvers in all the pavilions open the house to the sea breeze and the two-sided fire place warms the main pavilion.

La zona de Port Stephens es conocida como el paraíso de las aguas azules por la belleza de sus aguas y de su entorno natural. Está situada a unos 160 km al nordeste de Sídney, en la costa este de Australia, y tiene una población aproximada de 50.000 habitantes. Es un paraje natural de gran belleza dividido en tres pequeñas regiones: la península Tomaree, la de Tilligerry y la zona de Golden Bight, que rodea la bahía. El clima es cálido durante todo el año, sin inviernos gélidos. Las frescas brisas mantienen la temperatura agradable en verano. Durante esta época es el destino de los habitantes de la ciudad que se escapan a sus playas, más tranquilas que las que ofrece Sídney. En este idílico entorno, una familia joven decidió construirse una casa de veraneo a la orilla de un lago, junto a un bosque de eucaliptos. Debido a las inquietudes medioambientales de los propietarios, se decidió incorporar sistemas pasivos de ahorro de energía. La casa se levanta sobre una plataforma elevada del terreno en forma de muelle para evitar inundaciones y minimizar el impacto en el paisaje. Sobre esta superficie de tablas de madera reciclada se construyeron los seis pabellones que corresponden a un salón-comedor, un dormitorio principal, un baño, el dormitorio de los niños, la cocina y un pabellón de invitados. Estos volúmenes están articulados alrededor de un patio central coronado por una gran chimenea de doble cara que calienta el salón al mismo tiempo que permite disfrutar del calor sentado en el patio durante las frescas noches de verano. Alejado de este grupo, más cerca del lago, se encuentra un cobertizo para una pequeña embarcación. Dos rampas, una que conduce al bosque y otra que lleva al lago, refuerzan el eje este-oeste que abre la vista hacia el agua. La estética simple y natural de los elementos constructivos, formados por materiales recuperados de un antiguo muelle, se combina con materiales industriales para responder a las adversidades del lugar. Las fachadas orientadas hacia el bosque, probable origen de incendios, están acabadas en chapa metálica, mientras que las fachadas orientadas hacia el patio y el lago presentan cerramientos de madera y cristal.

The interior of the pavilions is covered in wood, which is an extremely recyclable material. Sliding walls and louvers keep the spaces ventilated, by using the orientation of the house and the presence of sea breezes. This type of ventilation saves energy, particularly during the hottest months of the year.

La exposición del emplazamiento a inundaciones y a incendios, así como la necesidad de refrigerar, determinaron el diseño de los pabellones, que se construyeron enteramente con materiales reciclados e ignífugos. La ventilación se consiguió mediante paredes deslizantes, lamas móviles en las fachadas y ventiladores de techo.

The ramp leading to the lake also goes to a seventh pavilion, located on its shores. The distribution of the house into separate pavilions enhances the property's continuity with the surrounding countryside, since a large part of the occupants' everyday life is spent outdoors and so there is more contact with nature.

La pasarela que lleva al lago conduce también a un séptimo pabellón situado junto a la orilla. Los paneles translúcidos son de policarbonato corrugado, un material ignífugo. La zona es de alto riesgo de incendios, de ahí la necesidad de controlar los materiales y reservar agua de los tanques por si fuera necesario.

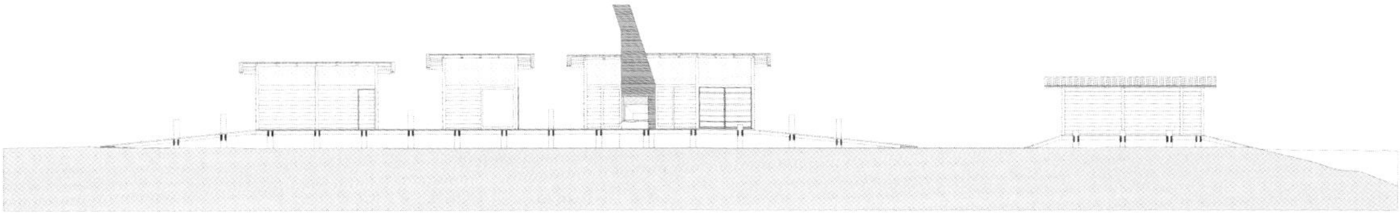

Elevation / Alzado

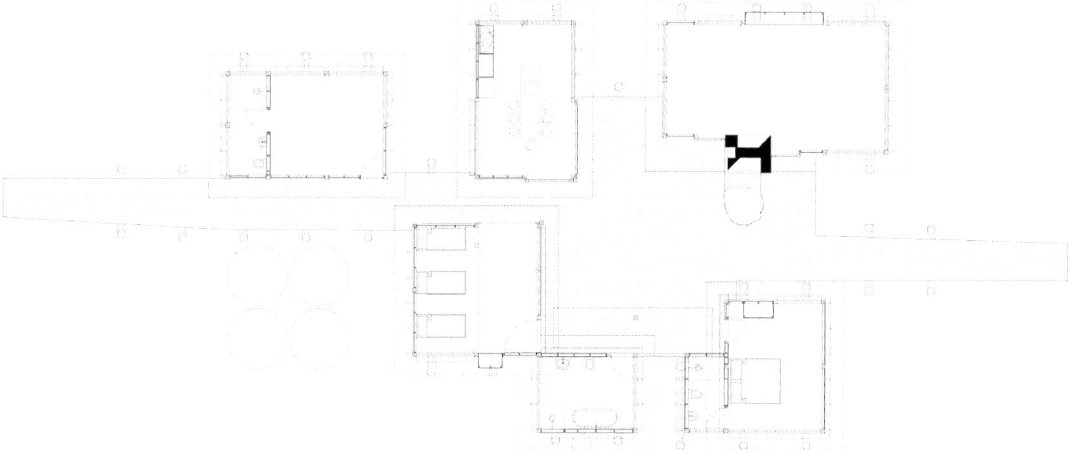

Ground plan of the main pavilions / Planta de los pabellones principales

The idea of building discrete independent pavilions for each unit arose from the intention not to predominate the landscape. The separation between the pavilions is to make better use of daylight and breezes.

La idea de construir discretos pabellones independientes para cada estancia surgió de la intención de no dominar el paisaje. La separación entre los pabellones tiene como función aprovechar mejor la luz diurna y las brisas. La parte superior de las paredes de los pabellones se ha revestido con paneles translúcidos de policarbonato corrugado que permiten la entrada de luz natural y reducen el consumo de energía.

The pavilions also collect rainwater in four underground tanks, some of which are reserved for firefighting purposes. Another of the environmental measures worthy of mention is the treatment of waste using a recycling system.

Los pabellones recogen el agua de la lluvia en cuatro tanques, dos de los cuales se reservan como depósito antiincendios. Este y un sistema in situ para el tratamiento de residuos son otras dos características ecológicas relevantes de este proyecto.

GULLY HOUSE

Brisbane, Queensland, Australia

Shane Thompson/Bligh Voller Nield; Daniel Fox

© David Sandison

Rainwater collection tanks.

Tanques de recogida de lluvia.

The house is built on stilts and the rain water can flow underneath.

La casa está construida sobre pilares y el agua de la lluvia puede fluir por debajo.

Sustainability and ecology in a subtropical climate
Sostenibilidad y ecología en un clima subtropical

The house is located right next to a steep gully, in a region of dense vegetation near the Brisbane River. The property takes advantage of its privileged location to enjoy views of the lush subtropical vegetation. Due to the proximity of the river and the climate, the area is susceptible to flooding in periods of heavy rain. To adapt the house to such circumstances and leave a small footprint, it was deemed necessary to keep the surrounding trees, whose roots prevent erosion of the soil. The house was therefore erected on stilts to ensure that it was above the flood level and would permit the flow of water underneath. This building method was chosen because of the physical characteristics of the terrain and soil. The building uses a lightweight construction system that is supported on a grid of steel columns at its lowest level. The structure of the upper levels consists of a hybrid frame of steel and timber.

The house has black stained plywood cladding, which helps reduce the visual impact of the property on the surrounding environment. Other elements of the residence, including the fireplace, windows in the study and master bedroom, plus an extension to the guest room, are clad in Zincalume® steel sheets (coated in a zinc and aluminum alloy). Glass, which is also a feature of the large windows, allows the house to form part of the local environment and enables more natural light to penetrate throughout the building.

La casa está junto a un barranco, en una zona de vegetación muy densa cercana al río Brisbane. Su privilegiada situación ofrece un hermoso panorama de vegetación subtropical. Una de las principales características de esta vivienda es que se encuentra elevada sobre pilares, lo cual responde principalmente a dos motivos. En primer lugar, la cercanía del río y el clima de la zona exponen la construcción a posibles inundaciones por causa de las lluvias, que aumentan considerablemente el caudal. La estructura elevada permite la circulación del agua por la parte inferior, donde se encuentran los pilares, en caso de que el río se desborde. Por otro lado, y se suma otro aspecto sostenible, se consigue un menor impacto sobre el terreno, ya que la excavación que se requiere es mínima. Además, se consideró necesario mantener todos los árboles del entorno, ya que asientan el terreno con sus raíces y aguantan la tierra de la parcela, lo que evita la desertización.

La edificación emplea un sistema de construcción ligero que se soporta sobre un enrejado de columnas de acero en el nivel más bajo. La estructura de los siguientes niveles es un sistema híbrido de madera y acero, materiales altamente reciclables.

La casa está revestida con contrachapado de color negro, que ayuda a disminuir el impacto visual. Otros elementos, como la chimenea, las ventanas del estudio y el dormitorio principal y una extensión al dormitorio de invitados, están revestidos de láminas de acero Zincalume® (un material ligero, de gran durabilidad, resistente al fuego y eficiente desde el punto de vista termal), recubiertas por una aleación de zinc y aluminio. El cristal consigue una mayor entrada de luz natural.

In a rainfall zone it is a good idea to install water collection tanks, either to reuse the water in cisterns and washing machines, or else for consumption following a sterilization process. It should not be forgotten, even in areas where water is plentiful, that it is a natural commodity that is in short supply. The rational use of water precludes its indiscriminate use.

En una zona con frecuentes precipitaciones es una buena idea instalar tanques de recogida de agua para reutilizarla en cisternas y lavadoras o para su consumo tras un proceso de esterilización. Toda el agua de la cubierta se recoge en dos tanques con capacidad para 10.000 litros.

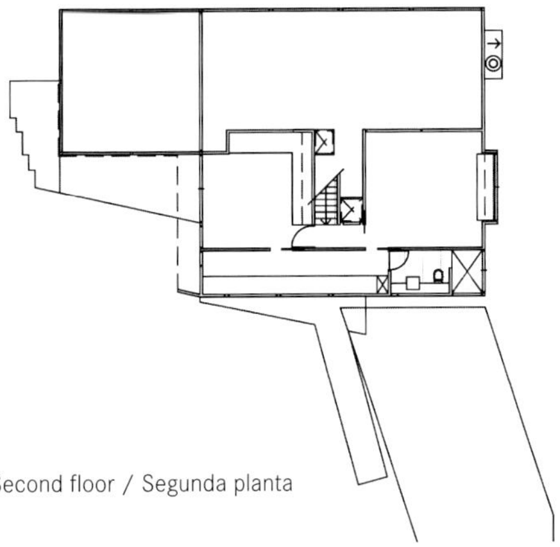

Second floor / Segunda planta

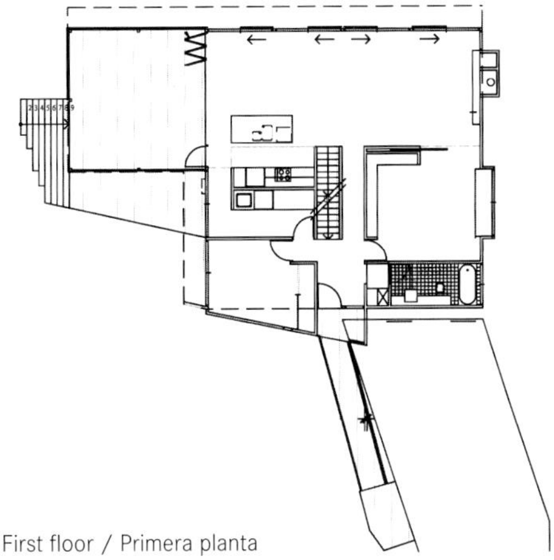

First floor / Primera planta

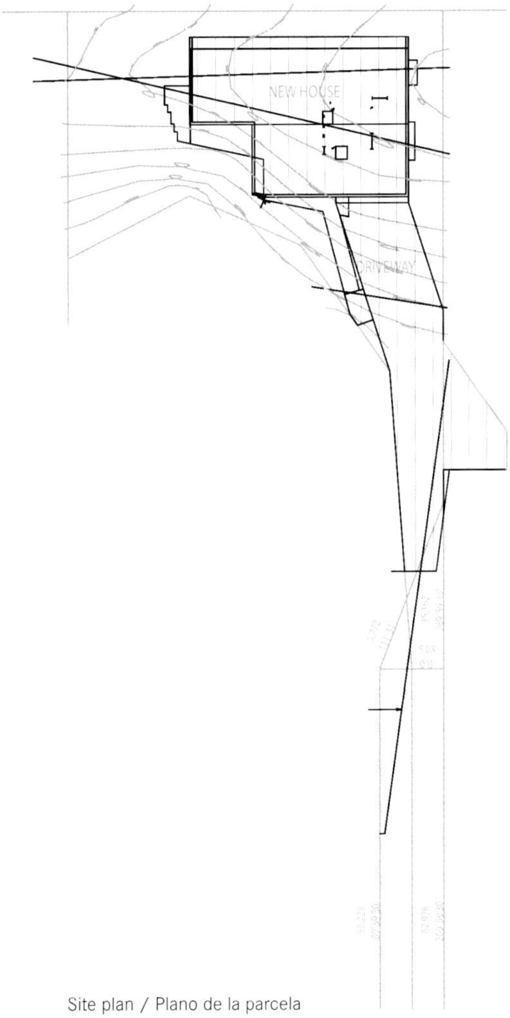

Site plan / Plano de la parcela

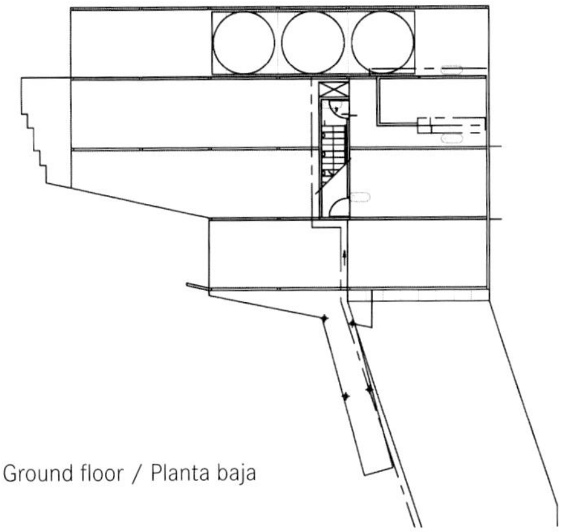

Ground floor / Planta baja

The lush, subtropical vegetation surrounding the property offers adequate insulation since it provides shade and cools the atmosphere. When the plants and trees are indigenous, specific maintenance is almost unnecessary. The plants are adapted to the environment–in this case a high rainfall zone.

La vegetación frondosa y subtropical que rodea la casa permite una climatización adecuada de la vivienda, pues proporciona sombra y refresca el ambiente. Cuando las plantas y los árboles son autóctonos, apenas es necesario algún mantenimiento específico como el riego, pues están adaptados al entorno (en este caso, una zona de lluvias).

The space beneath the house (the lowest of the building's three levels) is designed to accommodate cars, to use as storage space, and to house the rainwater tanks. Access to the main floor is via a bridge across the gully, offering views to the north and east. This floor contains the spacious living room, studio, guest room, bathroom, kitchen and laundry room. The master bedroom is located on the top floor with views of the river, plus a dressing room and studio. The vegetation surrounding the property not only offers shade and assists in keeping the house cool, it also affords greater privacy.

El espacio situado bajo la casa, el nivel más bajo de los tres que tiene la construcción, está pensado como aparcamiento, como espacio de almacenaje y para acoger los tanques de agua de lluvia, que utilizan unas bombas para ponerla en circulación. El acceso a la planta principal se hace a través de un puente que salva el desnivel del terreno y proporciona vistas al norte y al este. Esta planta contiene el amplio salón, el estudio, el dormitorio de invitados, el baño, la cocina y el lavadero. En la planta superior se ha situado el dormitorio principal con vistas al río, un vestidor y un estudio.

Inside, the house is predominantly white and spacious. The furniture in the living room and kitchen and the wood flooring create a contemporary atmosphere. A large expanse of glass in the day area provides cross ventilation throughout the property. This huge bay window and a fan are the only elements used to cool the house.

Todas las estancias han sido proyectadas con el fin de sacar provecho de la ventilación cruzada, que permite que el aire caliente se libere a través de los niveles superiores de la vivienda, mientras que el aire fresco entra por la planta inferior.

THE NEW ECOLOGICAL HOME
Materials for bioclimatic design

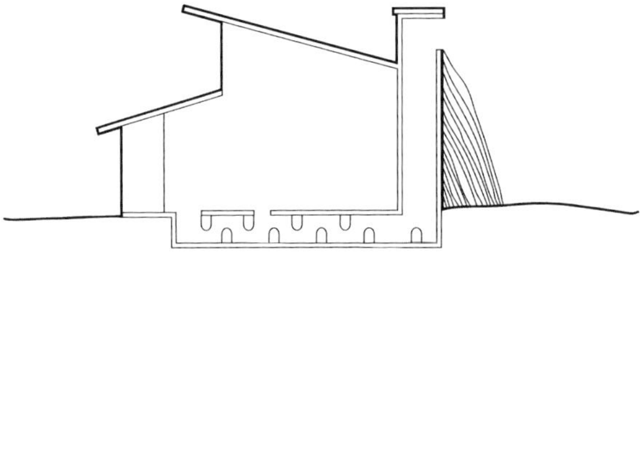